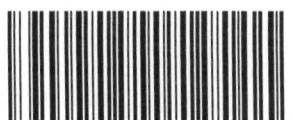

おうちの皆様へ

スキンシップ絵本シリーズは、お子さまがご家族や身近な方々といっしょに見て、楽しむ絵本です。本書では漢字の持つ豊かな世界に気づき、漢字への興味がふくらむことを願って、「読み」「書き順」のほか、「使い方」や「成り立ち」を紹介しています。また、まだ文字の読めない幼児でも、イラストを見ながら楽しむことができます。

◇本書では、小学校一年生で習う漢字80字と、小学校二年生で習う漢字4字を取り上げています。

◇本文中の「使い方」や「成り立ち」の紹介などには、小学校二年生までに習う漢字を使用し、すべてにふりがなをふってあります。

漢《かん》字《じ》えほん

わらべ　きみか

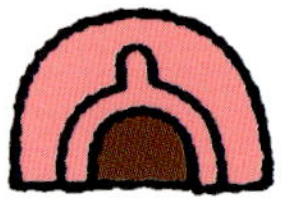

漢字の成り立ちについて

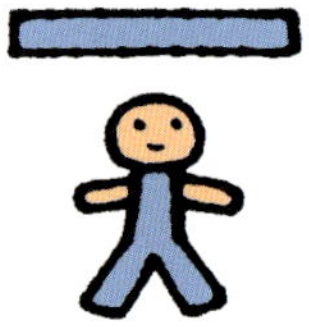
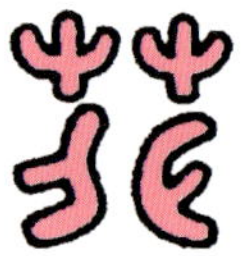

漢字は大昔に中国で作られました。漢字には、「山」や「木」のように、実際の姿の特徴をとらえて作られたものが数多くあります。このような漢字のことを「象形文字《しょうけいもじ》」と呼んでいます。この絵本で取り上げた漢字の多くがこれに当たります。

このように目に見えるものなら象形（かたどり）で漢字を作っていくことができますが、目に見えない抽象的なものの場合は別の方法で漢字を作ることになります。たとえば、漢数字の「一」や「二」は木の枝や棒切れをその数だけ並べた形で漢字ができています。また、横線（一）の上や下にマークをつけることで「上」や「下」の漢字が作られています。このようにして作られた漢字を「指事文字《しじもじ》」といいます。

象形と指事とで作られた既存の漢字を２つまたはそれ以上組み合わせることによって、複雑な概念を表す漢字を作ることができます。「木」を２つ並べた「林」、３つ並べた「森」がその例です。この場合は同じ文字の組み合わせでしたが、異なった文字を組み合わせることもできます。たとえば、「名」という漢字がそうです。これは、夕方を表す「夕」と、声を出す「口」の２つを組み合わせて作ったものです（P62参照）。このようにして作られた漢字を「会意文字《かいいもじ》」といいます。

「町」という漢字は先の会意文字と同じにみえますが、「町」は「形声文字《けいせいもじ》」というグループに属しています。会意はそれぞれの漢字の意味を考えた上で新しい漢字を作り出すものですが、「町」は、田んぼやあぜを表す「田」と、「丁」という漢字がもつ「チョウ」という音を組み合わせて作った漢字です。つまり、偏《へん》の部分で意味を表し、旁《つくり》の部分で音を示しているのです。形声による漢字が作られるようになって、漢字の総数が非常に多くなりました。

成り立ちを知ることで、漢字はこどもたちにとって興味深く、楽しいものになるにちがいありません。

広島国際大学　心理科学部長
コミュニケーション学科教授
江川　清

もくじ

しぜんをあらわす漢字《かんじ》 ····4～23

日 月 火 水 山 川
木 林 森 竹 草 花
土 石 金 夕 天 気
空 雨

人《ひと》をあらわす漢字《かんじ》 ····24～33

人 子 女 男 王 目
口 耳 手 足

生《い》きものをあらわす漢字《かんじ》 ····34～40

犬 馬 牛 鳥 虫 魚
貝

うごきやようすをあらわす漢字《かんじ》 ····41～56

生 入 出 立 休 見
学 大 中 小 円 赤
青 白 正 早

くらしでつかう漢字《かんじ》 ····57～75

車 田 力 町 村 名
音 文 本 字 校 先
年 玉 糸 上 下 右
左

すう字《じ》の漢字《かんじ》 ····76～81

一 二 三 四 五 六
七 八 九 十 百 千

さくいん ····82～83

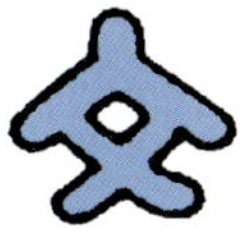

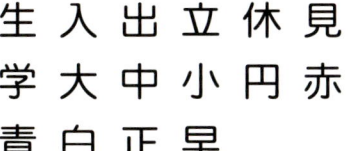

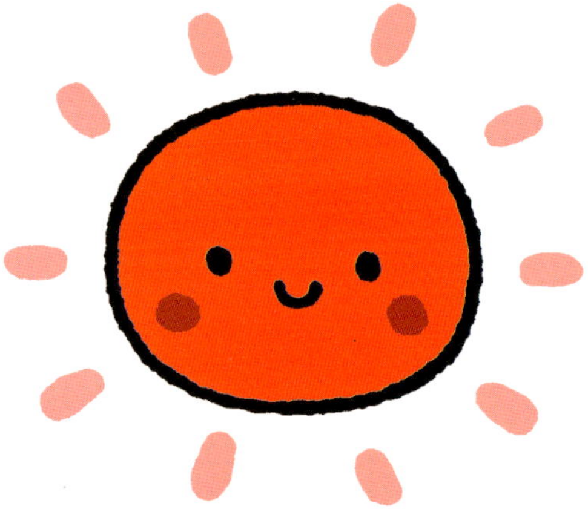

日

しぜんをあらわす漢字《かんじ》

ひ
か
ニチ
ジツ

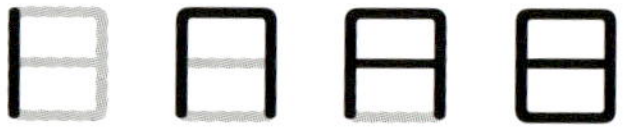

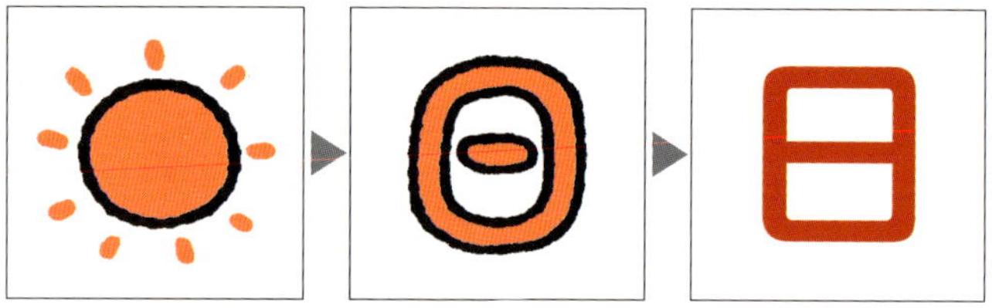

たいようの形《かたち》からできた字《じ》。

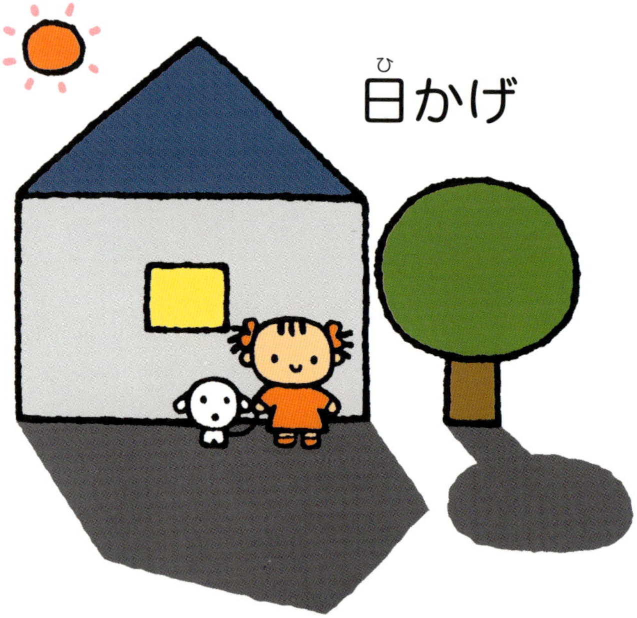

日《ひ》かげ

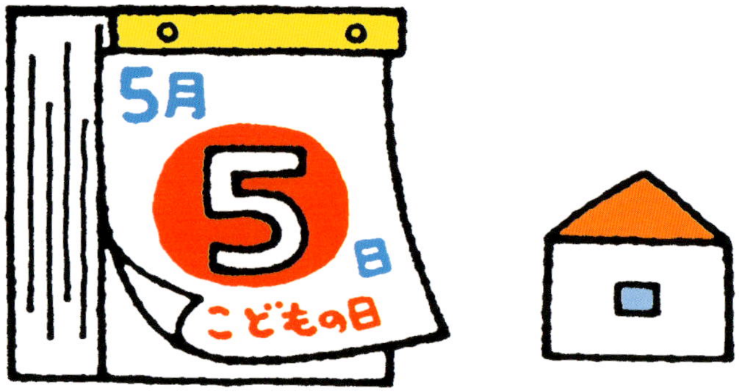

休日《きゅうじつ》

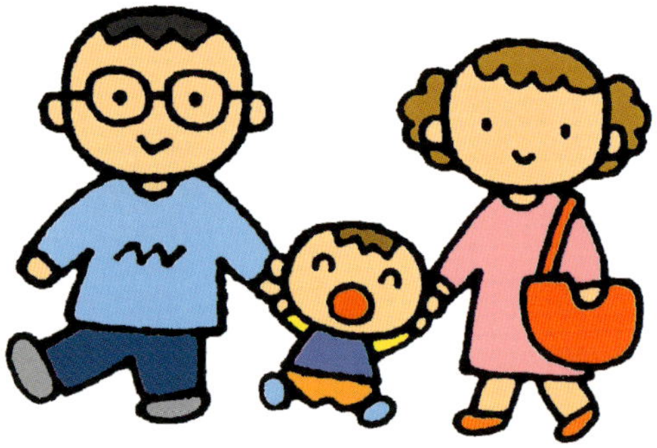

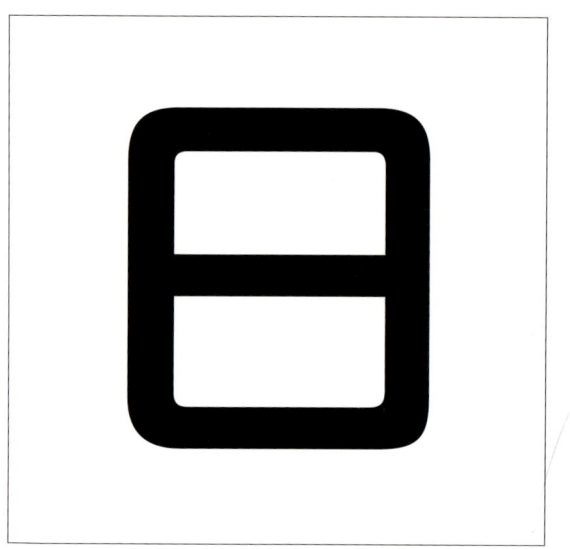

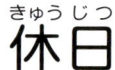

月

つき

ガツ
ゲツ

月 月 月 月

三日月《みかづき》の形《かたち》からできた字《じ》。

お月《つき》見《み》

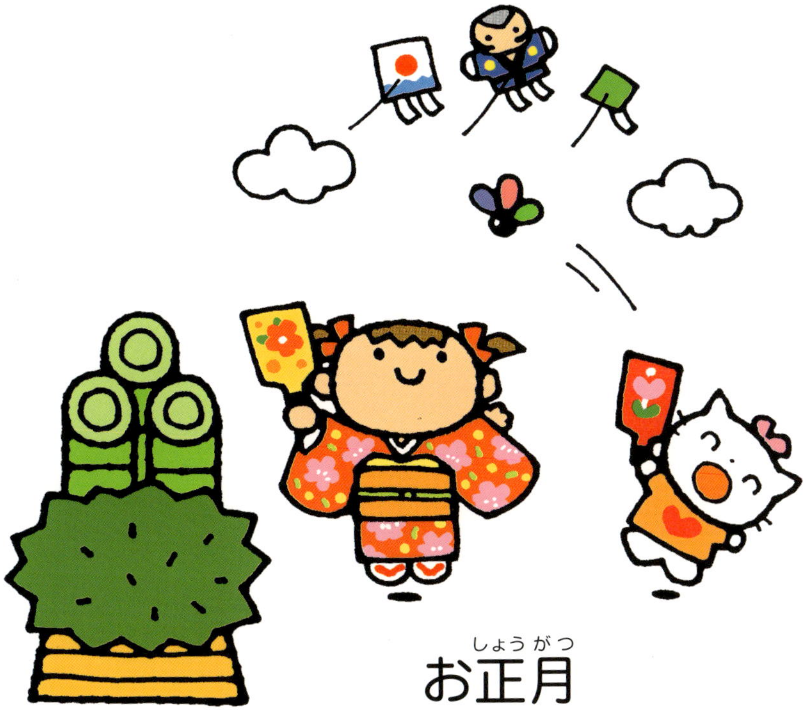

お正《しょう》月《がつ》

火

ひ

カ

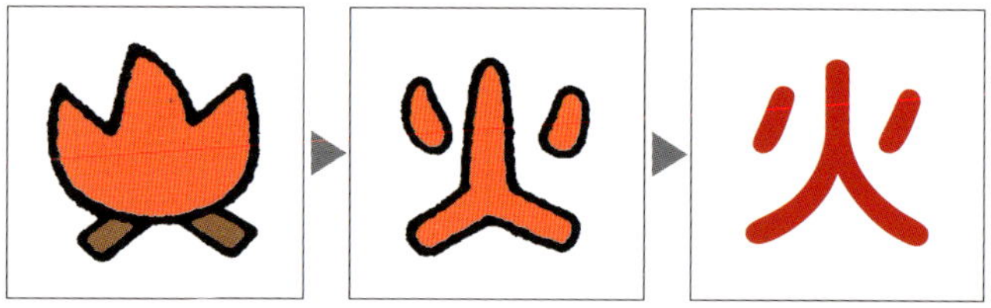

火《ひ》がもえている形《かたち》からできた字《じ》。

火山《かざん》

花火《はなび》

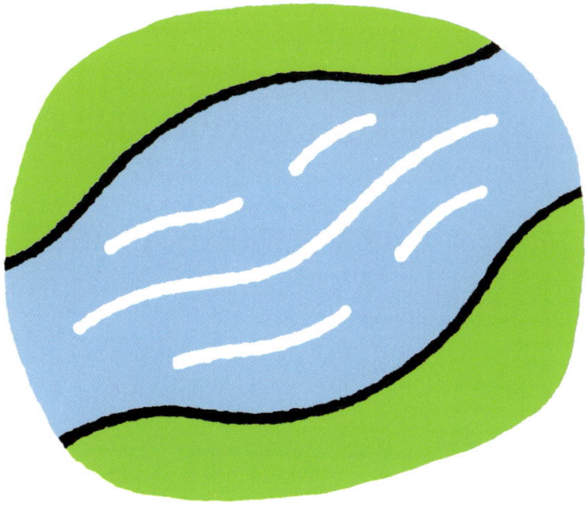

水

みず

スイ

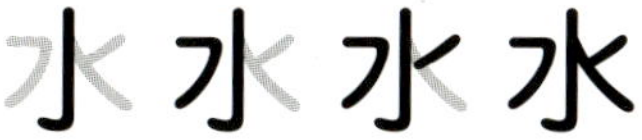

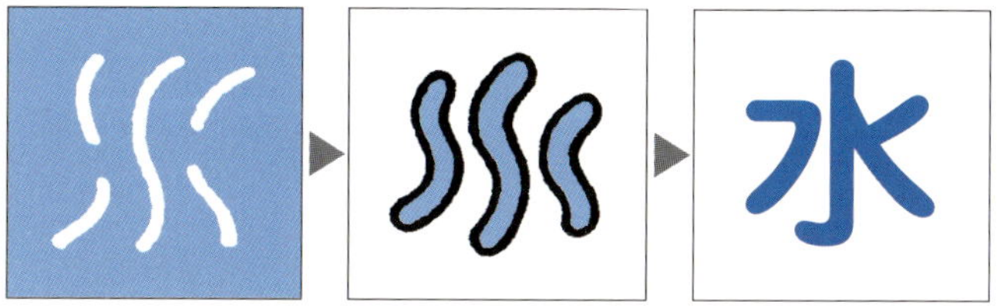

水《みず》のようすをあらわした字《じ》。

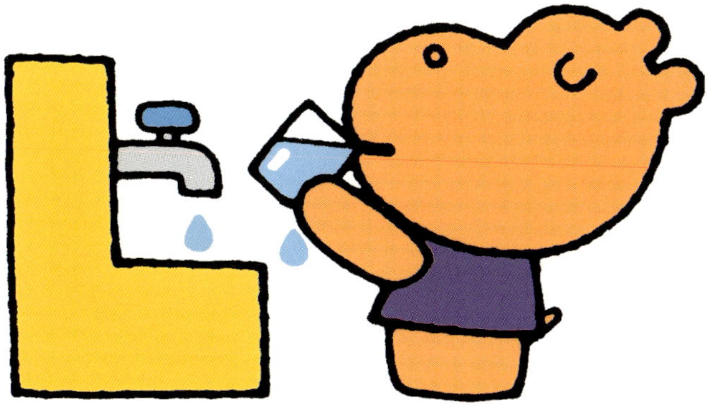

のみ水《みず》

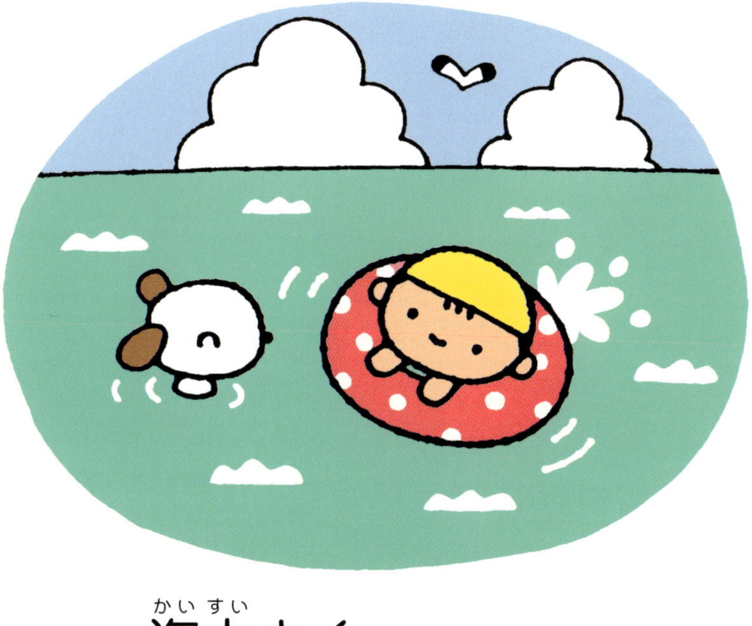

海水《かいすい》よく

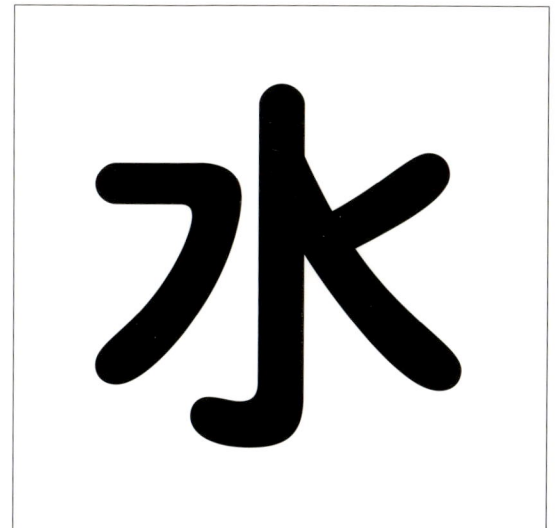

山

やま

サン

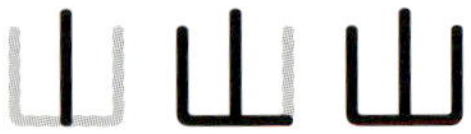

山《やま》の形《かたち》からできた字《じ》。

山《やま》ごや

富士山《ふじさん》

川

かわ

セン

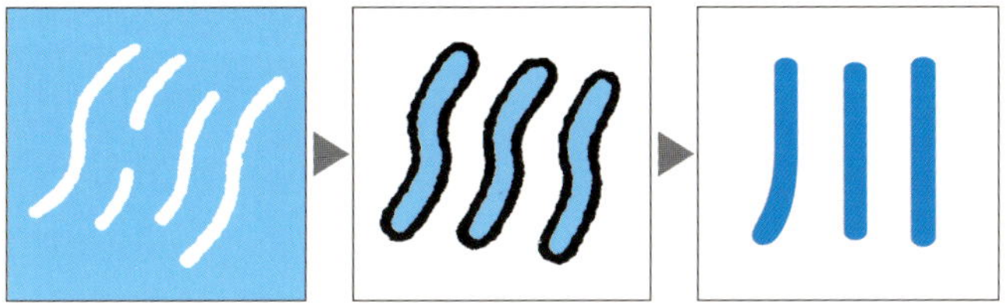

川《かわ》のながれるようすからできた字《じ》。

小川《おがわ》

川下《かわくだ》り

木

き
こ
モク
ボク

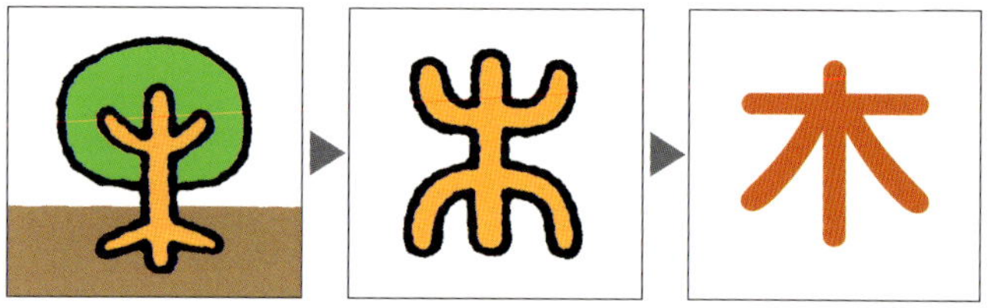

えだとねがついた木《き》の形《かたち》からできた字《じ》。

木《もく》馬《ば》

つみ木《き》

林

はやし

リン

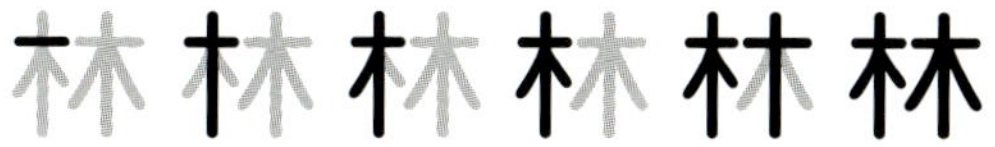

木《き》がたくさんはえているところをあらわした字《じ》。

まつ林《ばやし》

林道《りんどう》

森

もり

シン

「木《き》」を三《みっ》つあわせて木《き》がたくさんあることをあらわした字《じ》。

森林《しんりん》てつ道《どう》

竹

たけ

チク

竹 竹 竹 竹 竹 竹

竹《たけ》の形《かたち》からできた字《じ》。

竹《たけ》とんぼ

竹林《ちくりん》

草

くさ

ソウ

「艹」が草《くさ》をあらわしています。「早《そう》」という音《おと》の組《く》み合《あ》わせでできています。

草《くさ》もち

海草《かいそう》

●「くさ」を表す古い字は「艸」で、草の生える様子を表した字です。「草」はもともとトチの実を表した字でしたが、「くさ」を「そう」といったので、現在は「くさ」の意味で使われます。

花

はな

カ

花花花花花花

「艹」（くさ）と「化」（形《かたち》をかえる）を合《あ》わせた字《じ》。
草《くさ》が形《かたち》をかえて花《はな》になることをあらわしています。

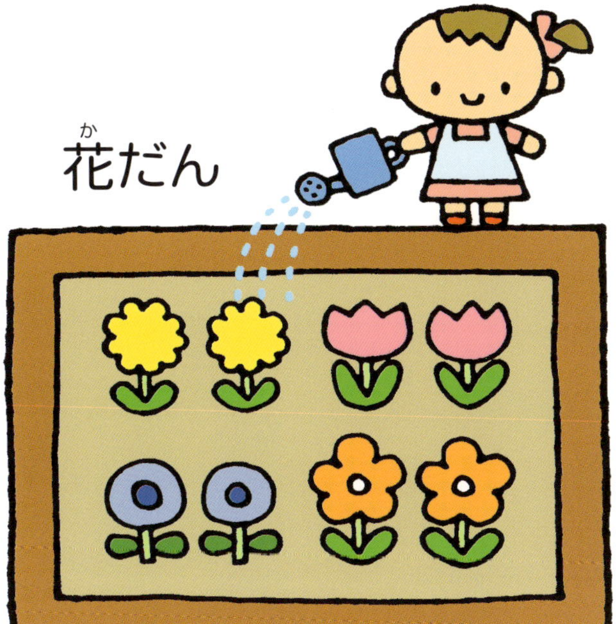

花《か》だん

花《はな》たば

●本来の字は「華」。つぼみがたれさがって美しく咲くことをあらわした字です。

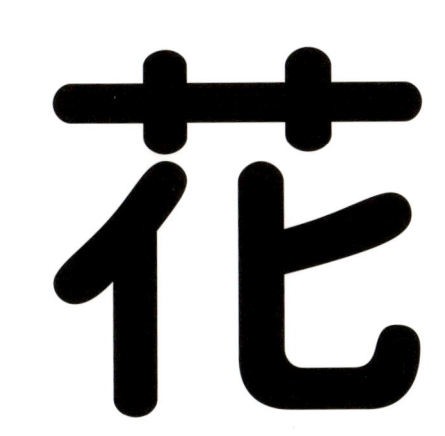

土

つち

ドト

土 土 土

土星《どせい》

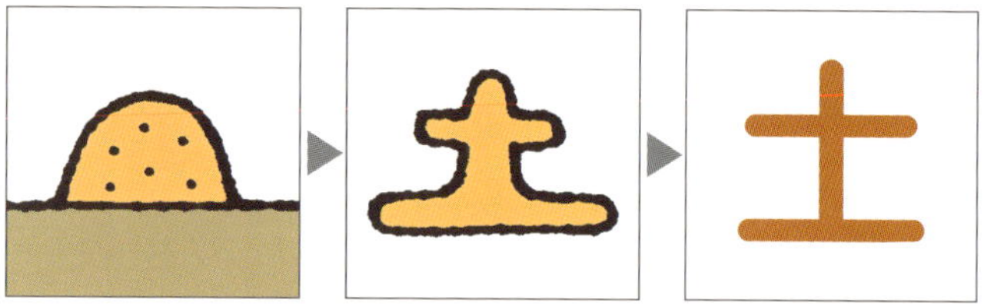

もりあげた土《つち》の形《かたち》からできた字《じ》。

ねん土《ど》

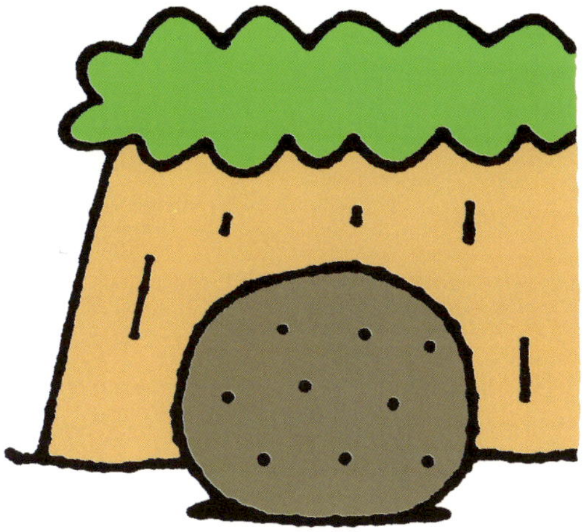

石

いし

セキ
シャク

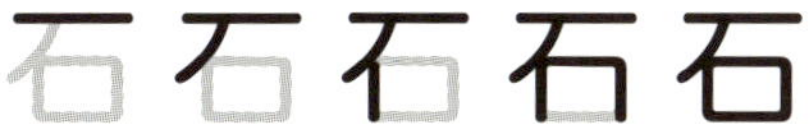

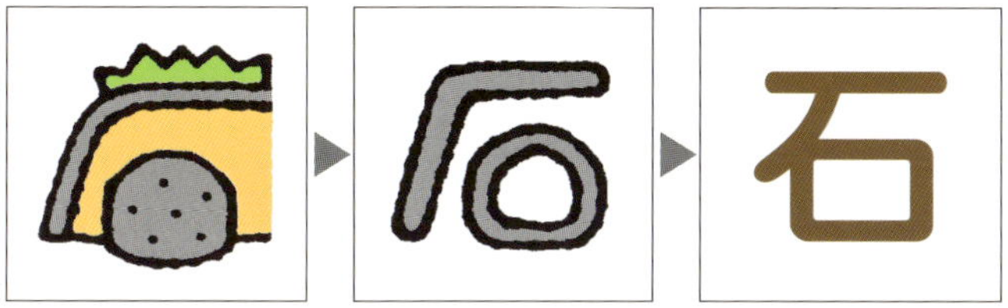

がけの下《した》にころがっている石《いし》をあらわした字《じ》。

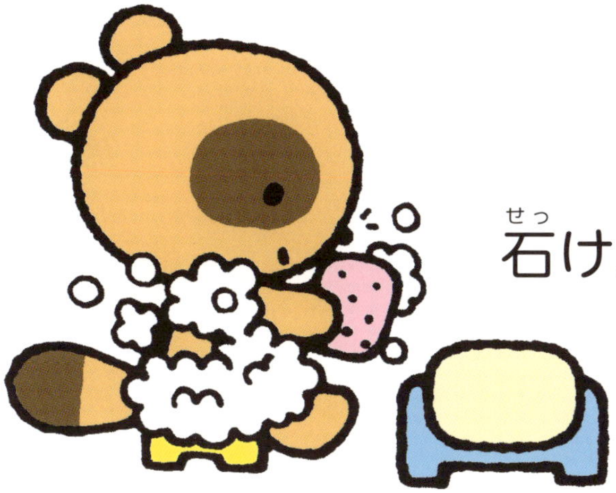

石《せっ》けん

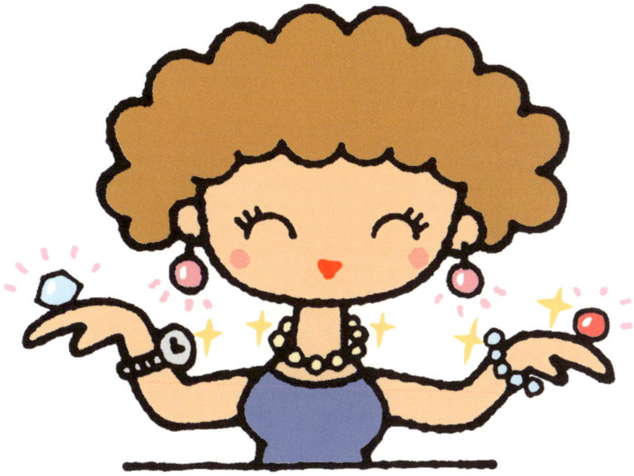

ほう石《せき》

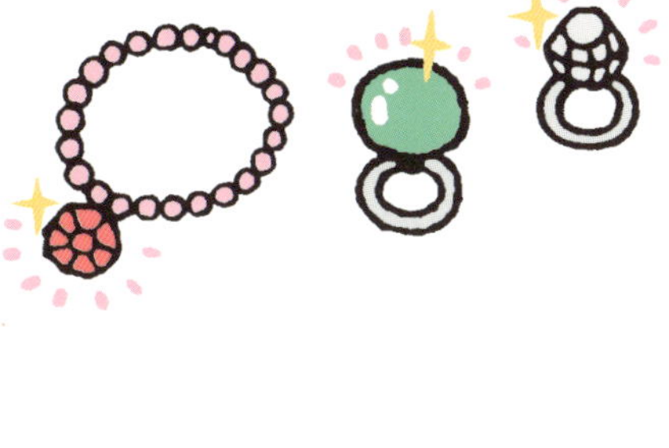

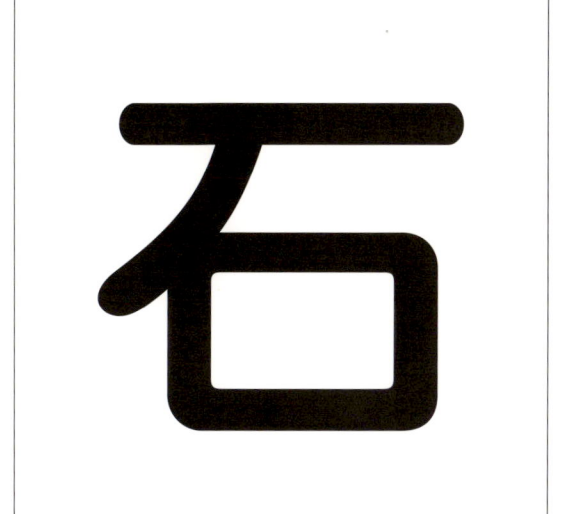

金

かね
かな
キン
コン

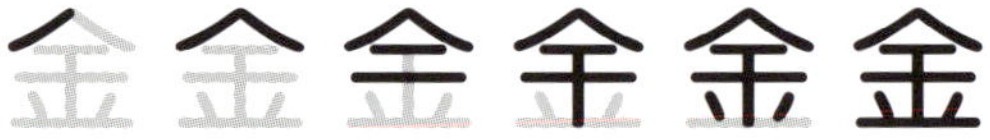

土《つち》の中《なか》に金《きん》がまざっていることをあらわした字《じ》。

金《かな》づち

金魚《きんぎょ》

夕

ゆう

セキ

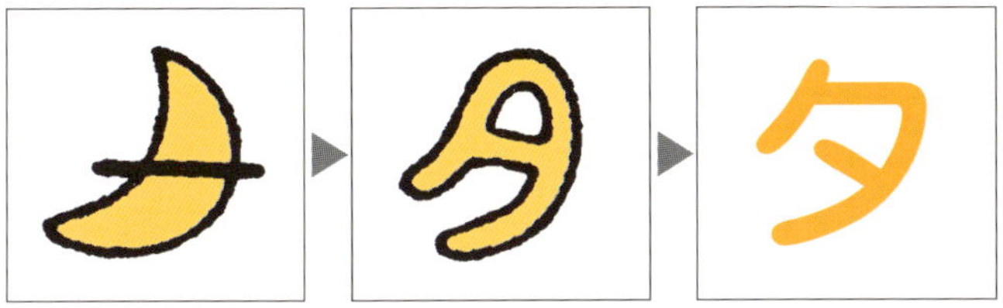

「月《つき》」と同《おな》じように、三日月《みかづき》の形《かたち》からできた字《じ》。

夕立《ゆうだち》

夕《ゆう》やけ

天

あま
あめ

テン

天天天天

頭《あたま》の上《うえ》に広《ひろ》がる大空《おおぞら》をあらわした字《じ》。

天《てん》し

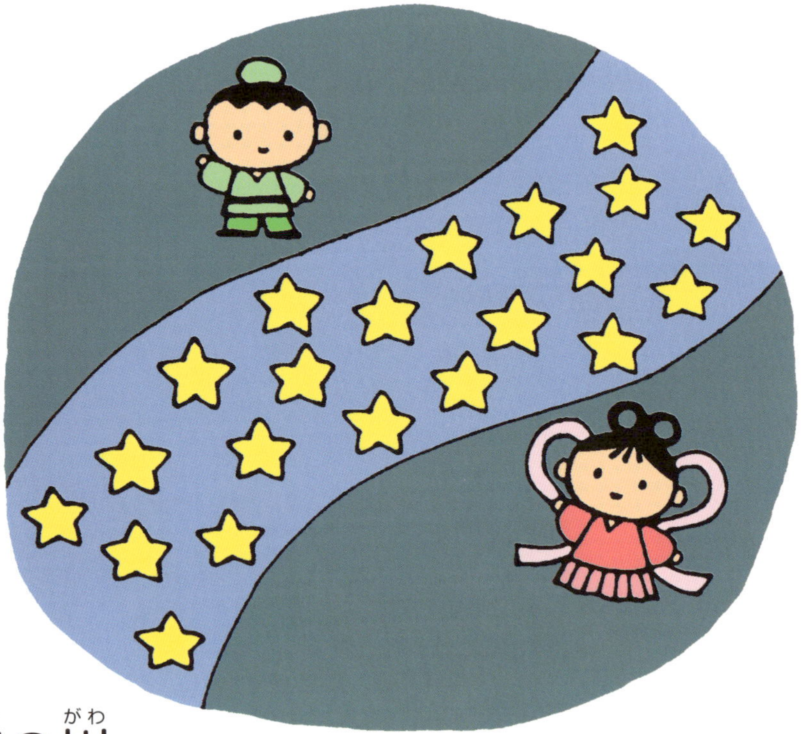

天《あま》の川《がわ》

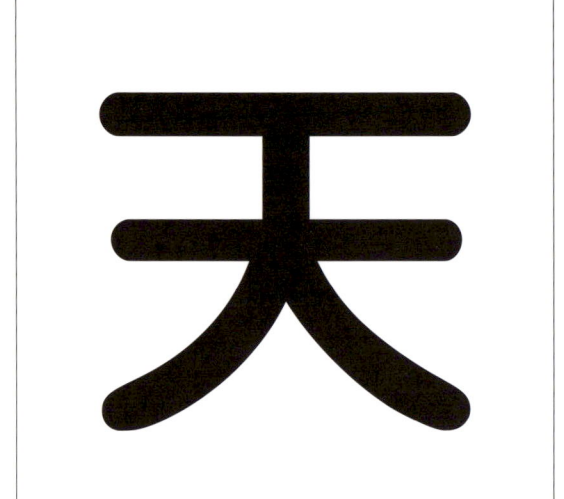

気

キ
ケ

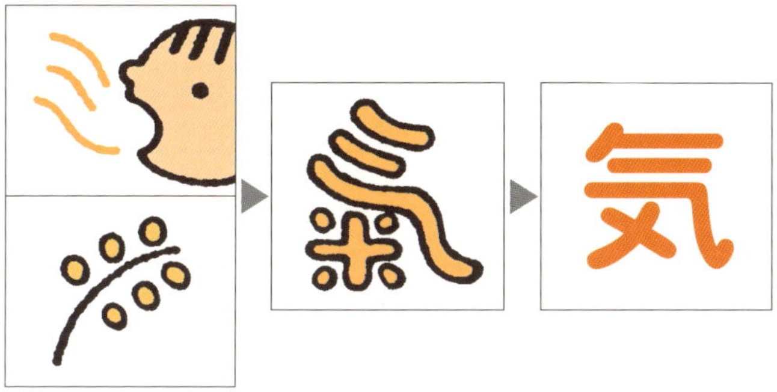

はいたいきと「米《こめ》」の組《く》み合《あ》わせで、たいたごはんから出《で》るゆげをあらわした字《じ》。

天気《てんき》よほう

— 元気《げんき》

空

そら
あく
あける
から
クウ

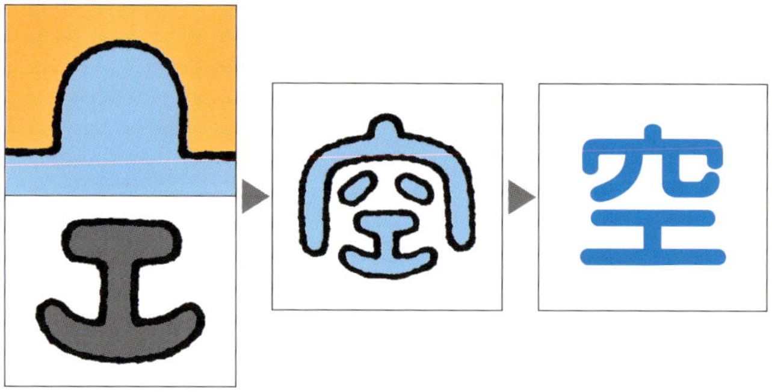

「穴」（あな）と「工」（のみなどのどうぐ）の組《く》み合《あ》わせで、空《から》っぽにあけたあなをあらわした字《じ》。

空気《くうき》

青空《あおぞら》

雨

あめ
あま

ウ

空《そら》から雨《あま》つぶがおちてくるようすをあらわした字《じ》。

雨《あめ》上《あ》がり

雨《あま》がさ

人《ひと》をあらわす漢字《かんじ》

人

ひと

ニン
ジン

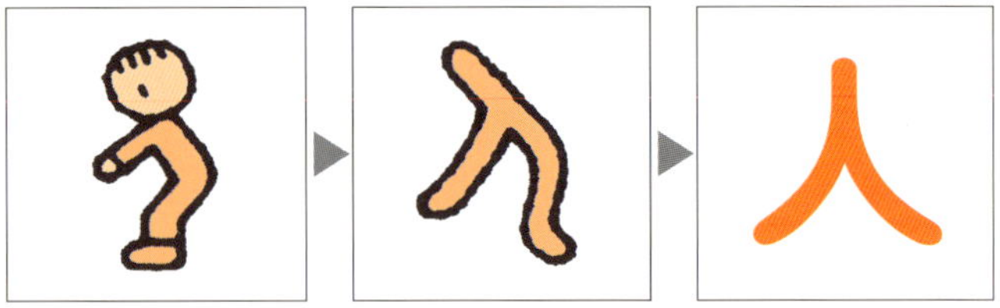

よこむきの人《ひと》のすがたからできた字《じ》。

人魚《にんぎょ》ひめ

たび人《びと》

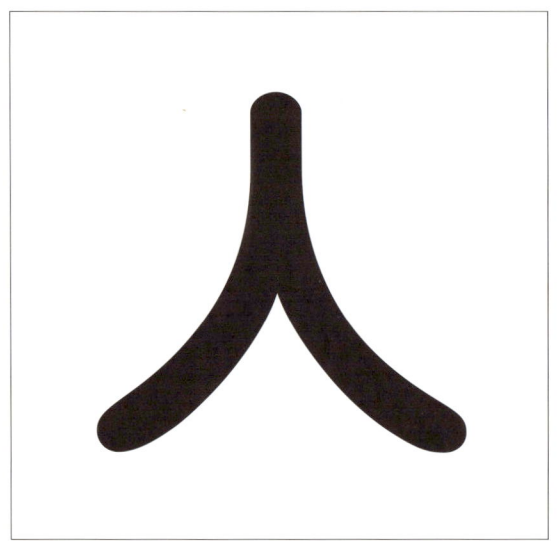

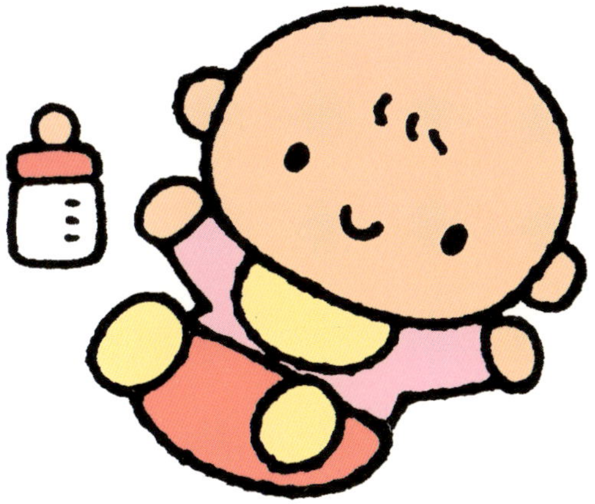

子

こ

シ ス

子 了 子

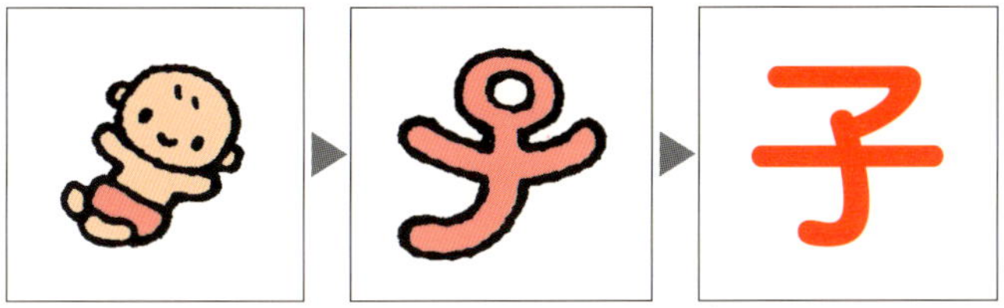

りょう手《て》を広《ひろ》げたこどもの形《かたち》からできた字《じ》。

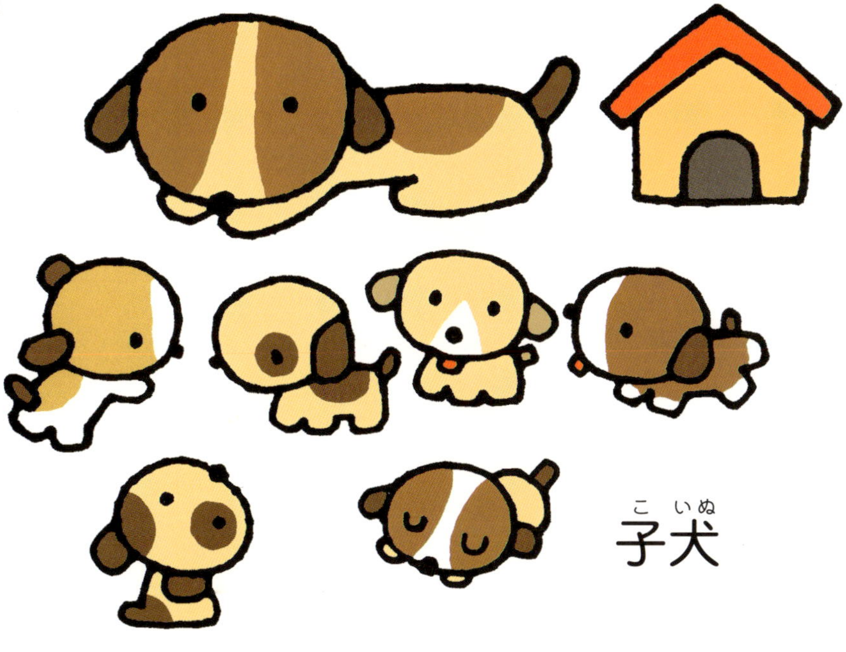

子《こ》犬《いぬ》

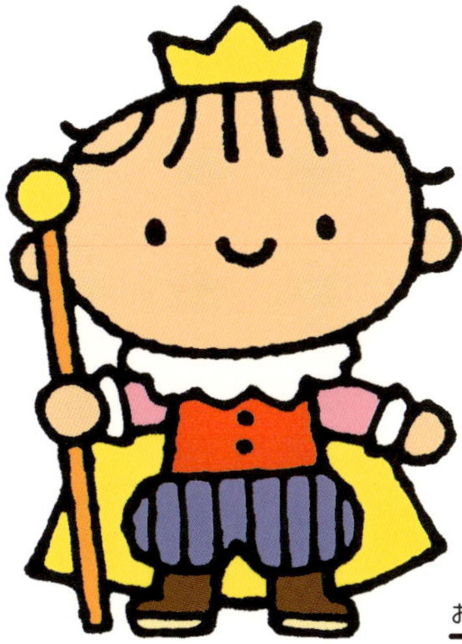

王《おう》子《じ》さま

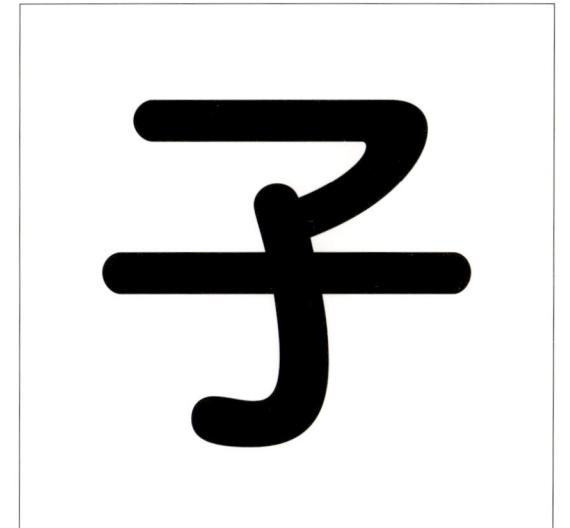

女

おんな

ジョ

女 女 女

女《おんな》の人《ひと》がすわった形《かたち》からできた字《じ》。

女《じょ》王《おう》さま

女《おんな》の子《こ》

男

おとこ

ダン
ナン

「田《た》」と「力《ちから》」の組《く》み合《あ》わせ。力強《ちからづよ》くはたらく男《おとこ》をあらわした字《じ》。

男《おとこ》の子《こ》

大男《おおおとこ》

王

オウ

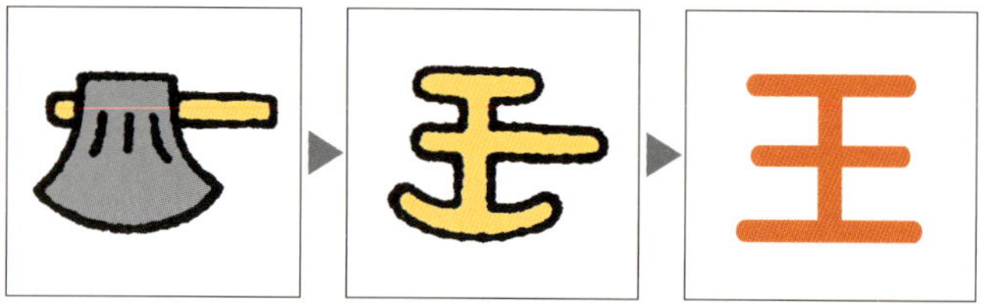

まさかりの形《かたち》からできた字《じ》。大《おお》むかし、まさかりは王《おう》の強《つよ》さをあらわす大《だい》じな道《どう》ぐでした。

王《おう》かん

王《おう》さま

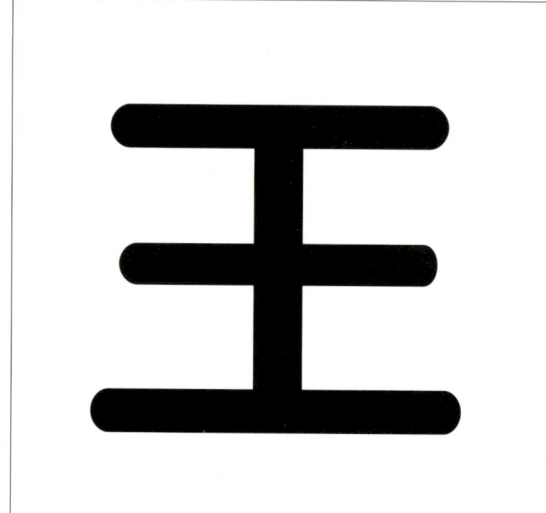

目

め

モク

人《ひと》の目《め》の形《かたち》からできた字《じ》。

目《もく》じ

目玉《めだま》やき

口

くち

コウ

ク

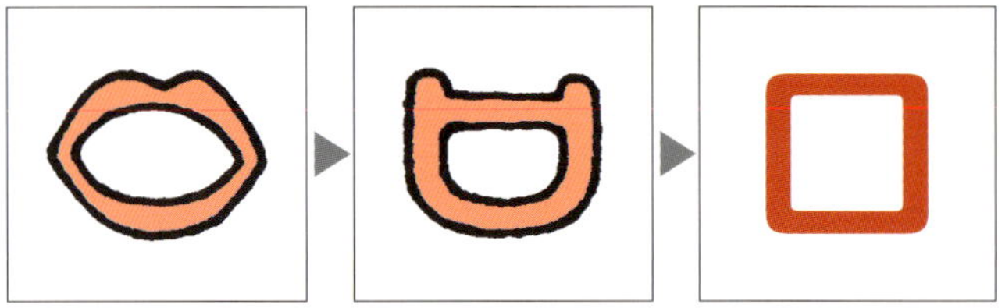

人《ひと》の口《くち》やあなの形《かたち》からできた字《じ》。

口《くち》ぶえ

口《くち》べに

耳

みみ

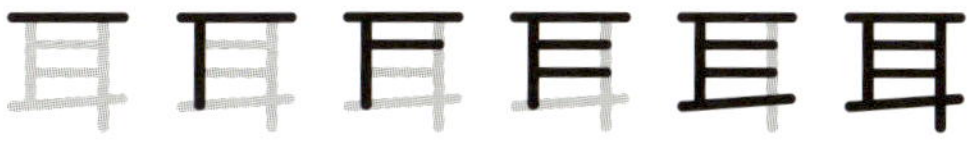

人《ひと》の耳《みみ》の形《かたち》からできた字《じ》。

耳《みみ》かき

王《おう》さまの耳《みみ》はろばの耳《みみ》

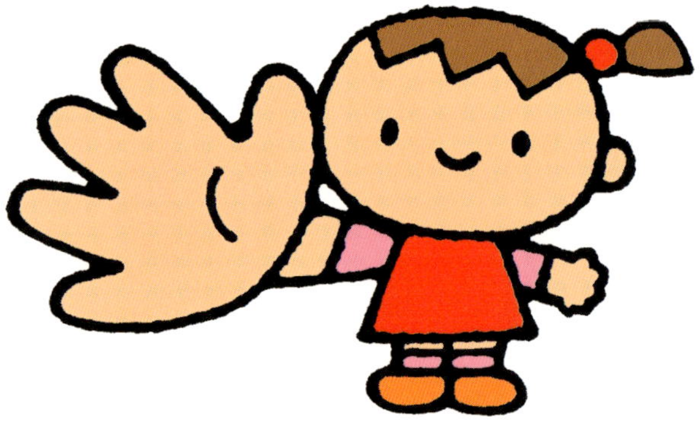

手

て

シュ

手手手手

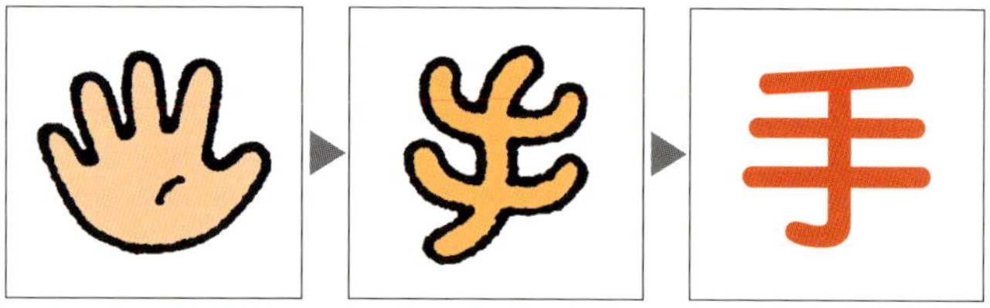

手《て》の形《かたち》からできた字《じ》。

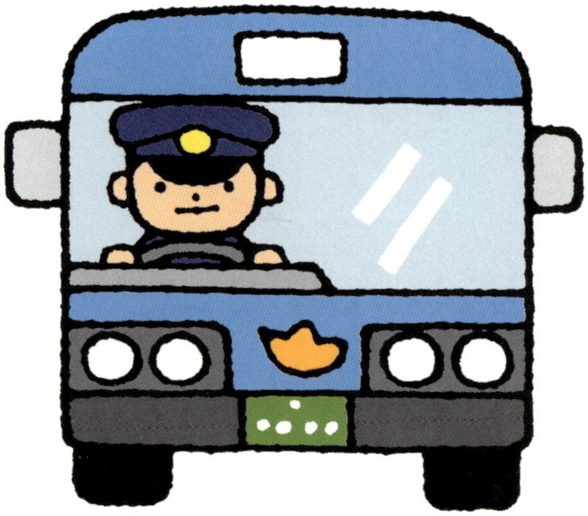

うんてん手《しゅ》

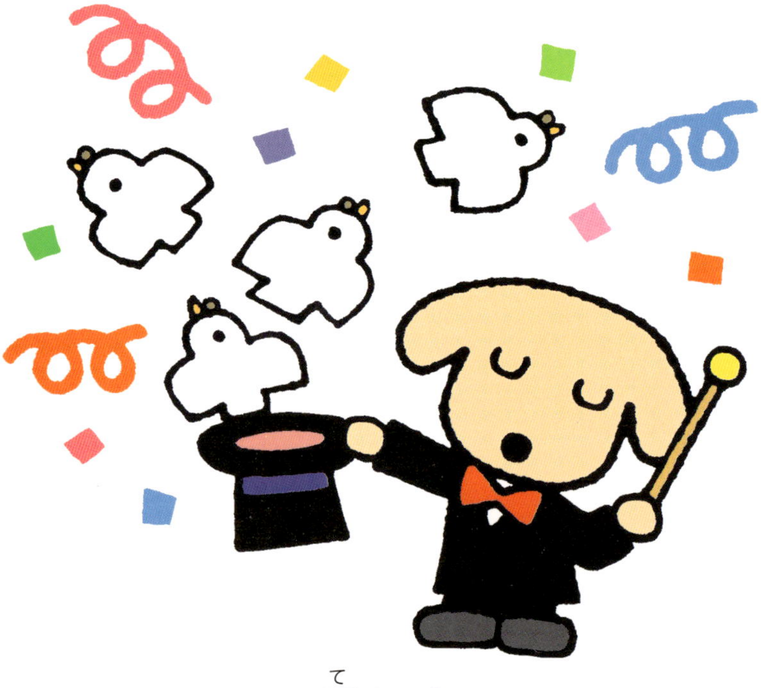

手《て》じな

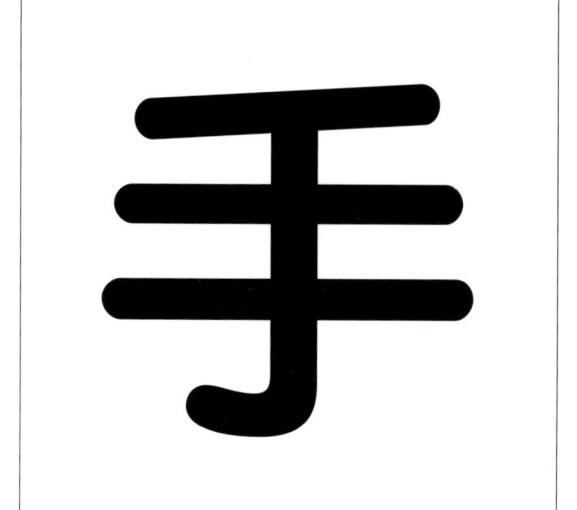

足

あし
たりる
たる
たす
ソク

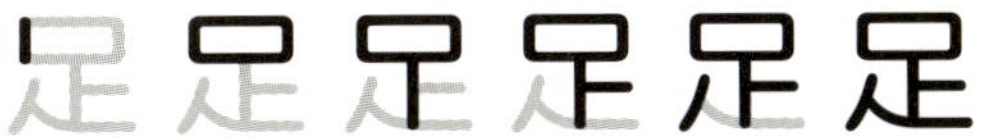

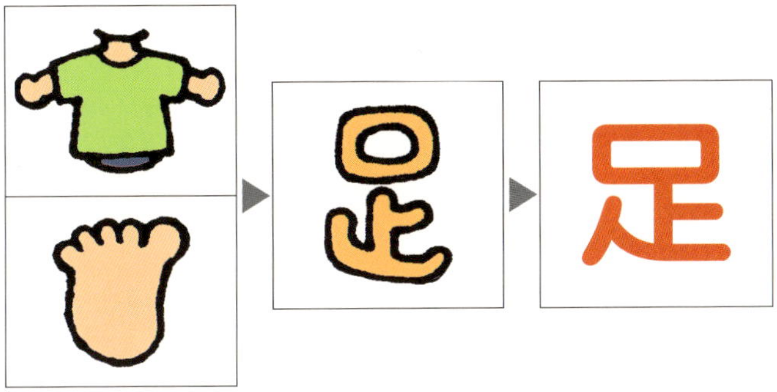

「口」が体《からだ》、「龰」が足《あし》をあらわしています。

えん足《そく》

かけ足《あし》

生《い》きものをあらわす漢字《かんじ》

犬

いぬ

ケン

犬犬犬犬

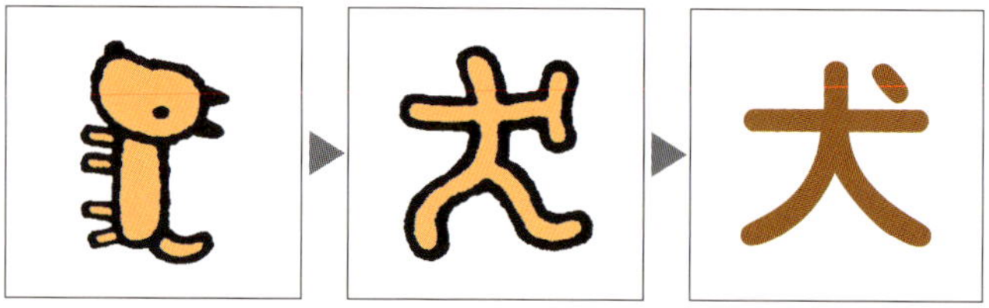

犬《いぬ》の形《かたち》からできた字《じ》。

犬《いぬ》ごや

もうどう犬《けん》

馬

うま

バ

馬《うま》の形《かたち》からできた字《じ》。

馬《うま》とび

馬車《ばしゃ》

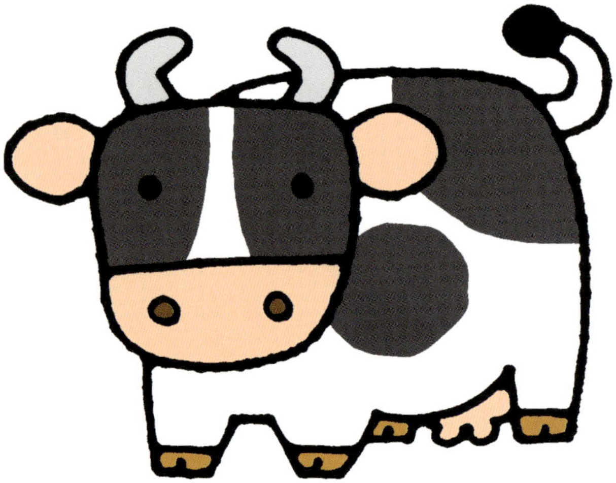

牛

うし

ギュウ

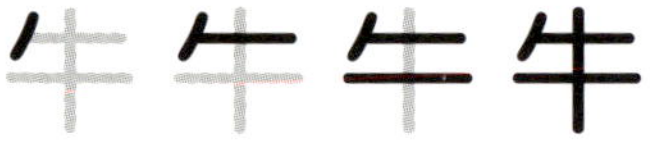

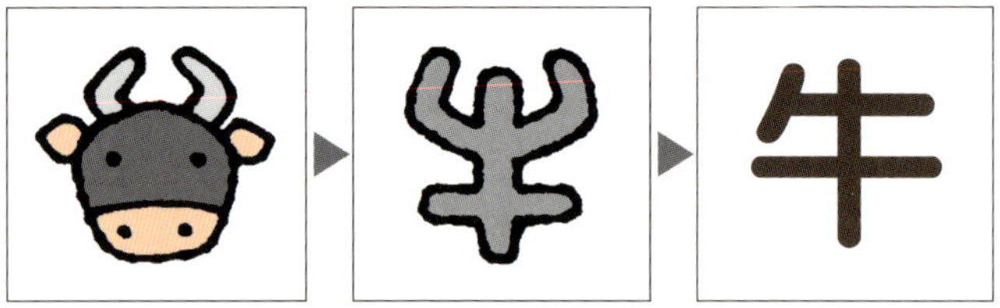

牛《うし》の顔《かお》の形《かたち》からできた字《じ》。

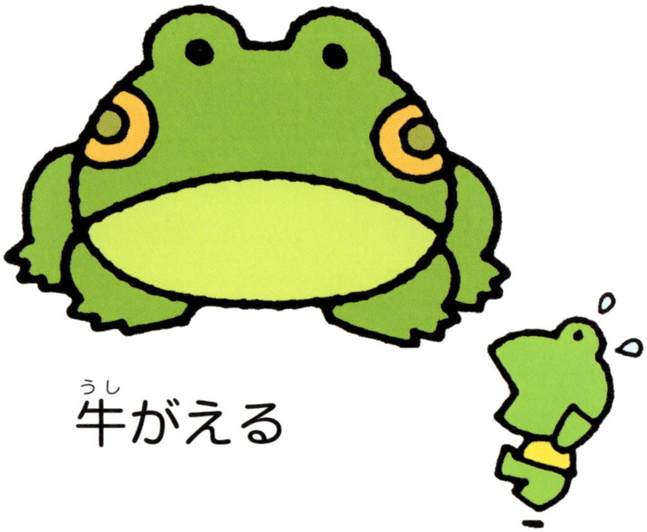

牛《うし》がえる

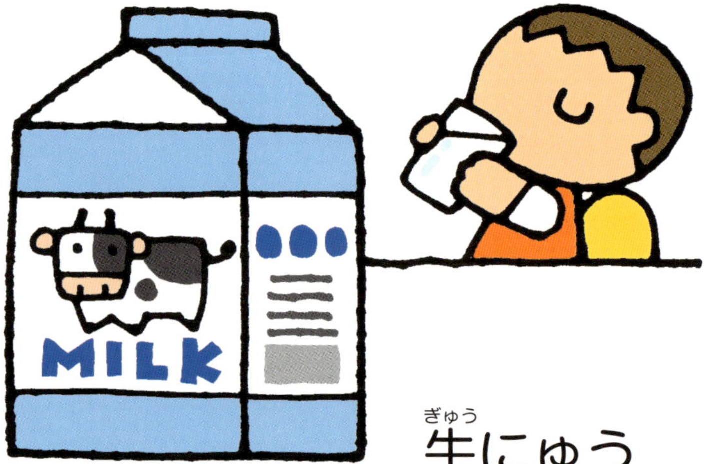

牛《ぎゅう》にゅう

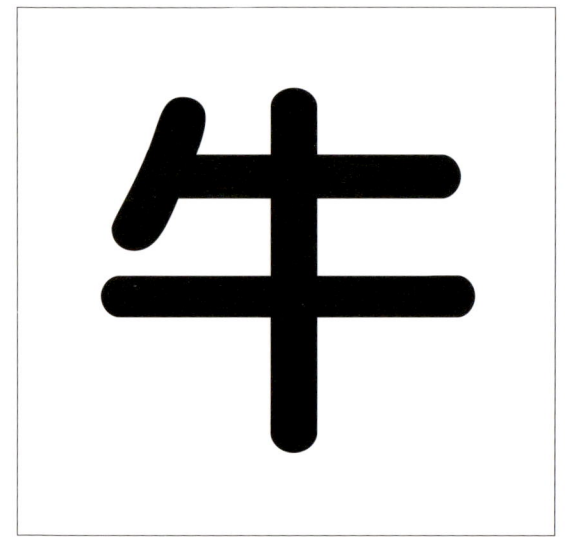

鳥

とり

チョウ

鳥《とり》の形《かたち》からできた字《じ》。

白鳥《はくちょう》

鳥《とり》かご

虫

むし

チュウ

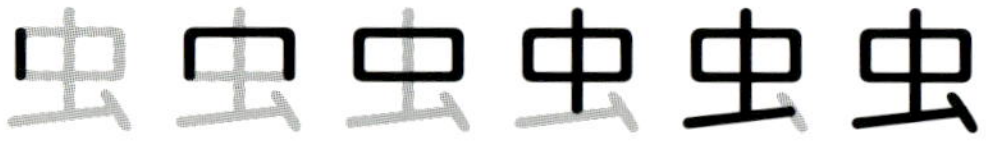

頭《あたま》の大《おお》きなへび（まむし）の形《かたち》からできた字《じ》。
やがて虫《むし》をあらわすようになりました。

こん虫《ちゅう》さいしゅう

なき虫《むし》

魚

うお
さかな

ギョ

魚《さかな》の形《かたち》からできた字《じ》。

魚《さかな》つり

ねったい魚《ぎょ》

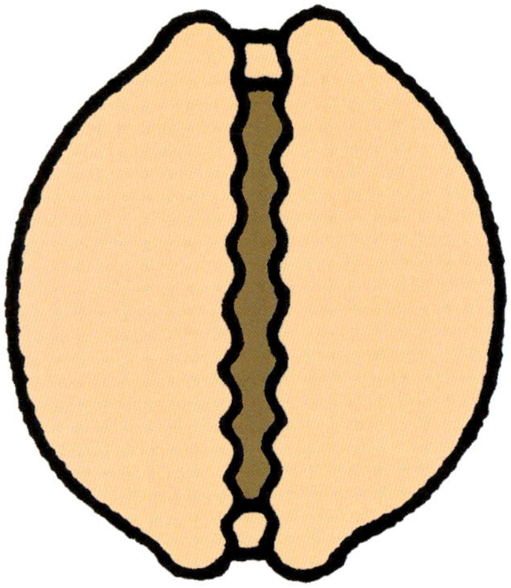

貝

かい

タカラガイ（コヤスガイ）の形《かたち》からできた字《じ》。

しんじゅ貝《がい》

貝《かい》がら

生

いきる
いかす
いける
うまれる
うむ
はえる
はやす
なま

セイ
ショウ

生 生 生 生 生

じめんに草《くさ》のめが生《は》えているようすから
できた字《じ》。

生《い》け花《ばな》

たん生日《じょうび》

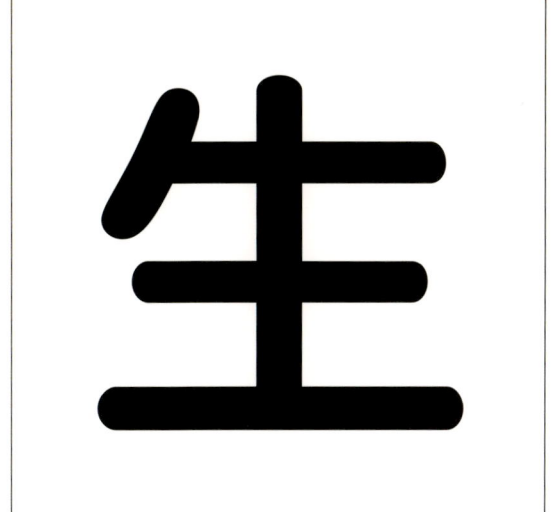

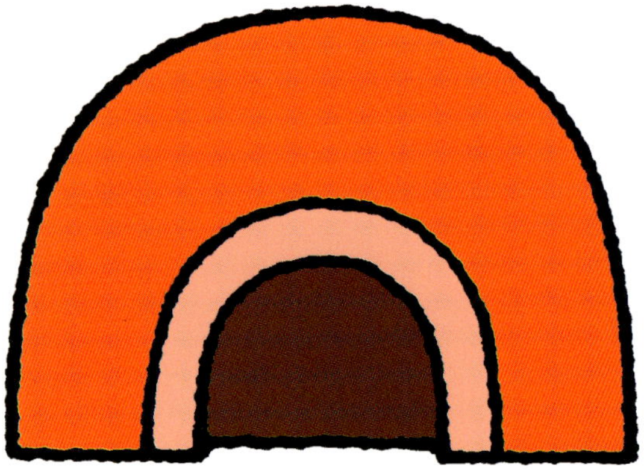

入

いる
いれる
はいる
ニュウ

入 入

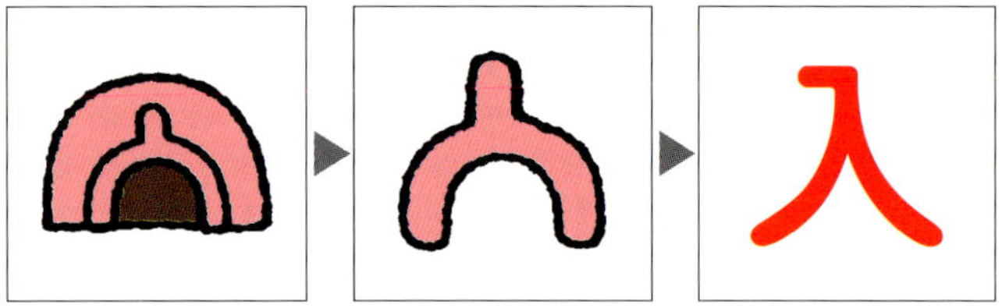

入《い》り口《ぐち》の形《かたち》からできた字《じ》。

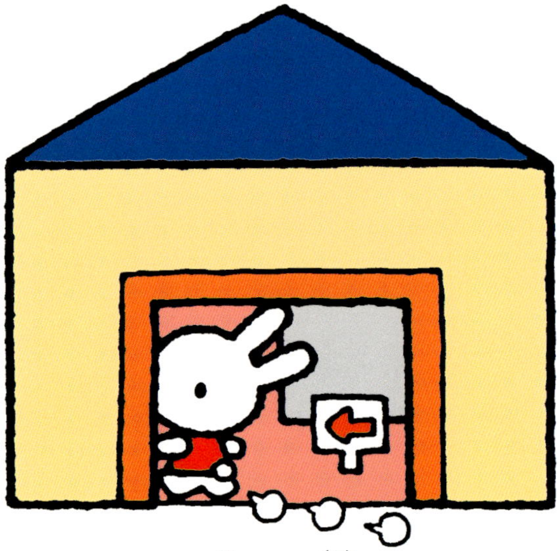

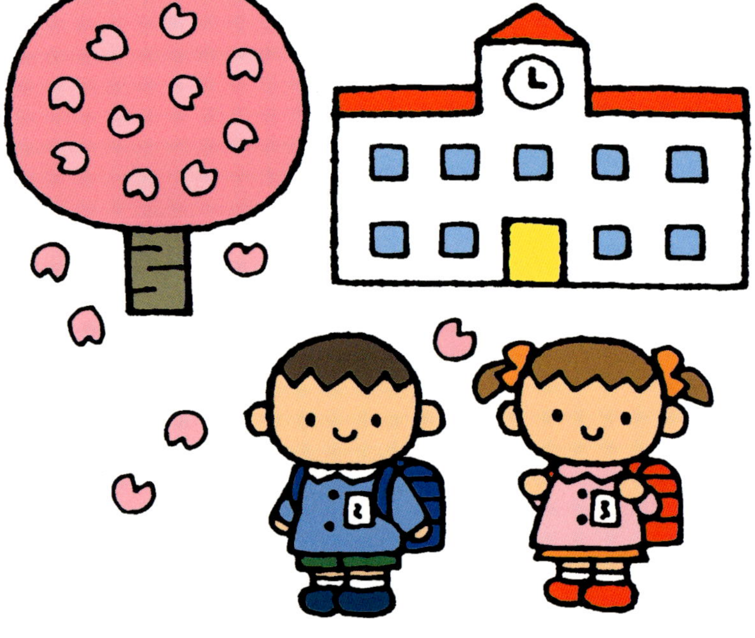

入《い》り口《ぐち》

入《にゅう》学《がく》しき

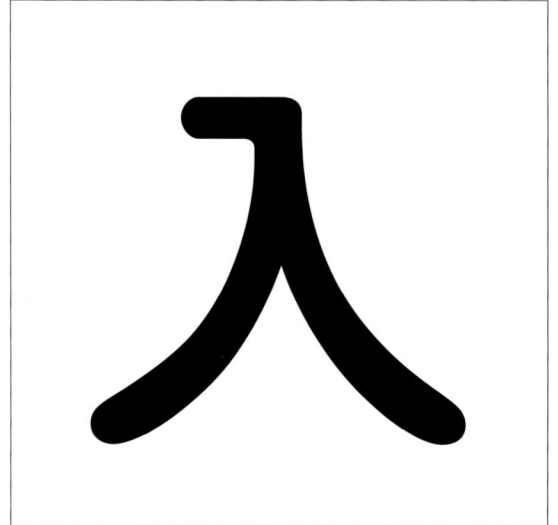

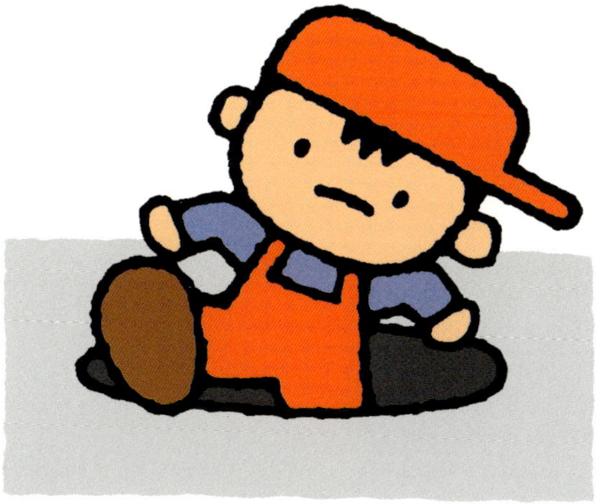

出

でる
だす

シュツ

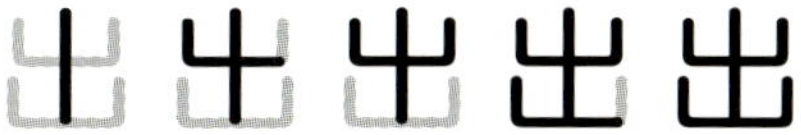

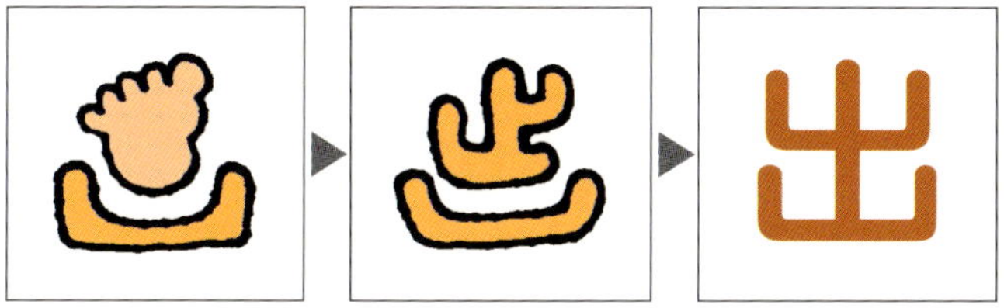

足《あし》がくぼみから出《で》るようすをあらわした字《じ》。

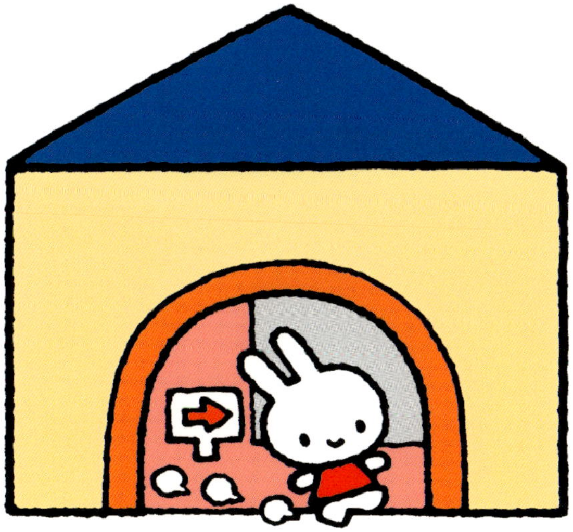

出《で》口《ぐち》

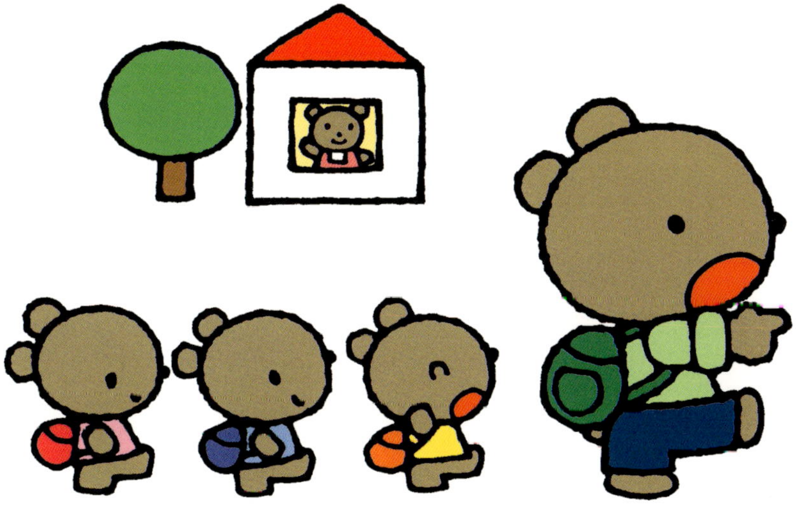

出《しゅっ》ぱつ

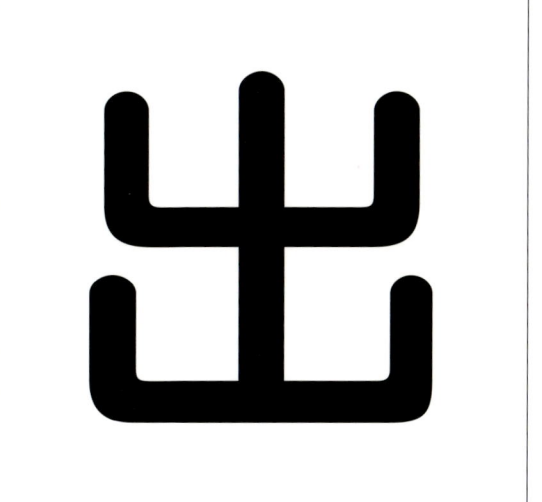

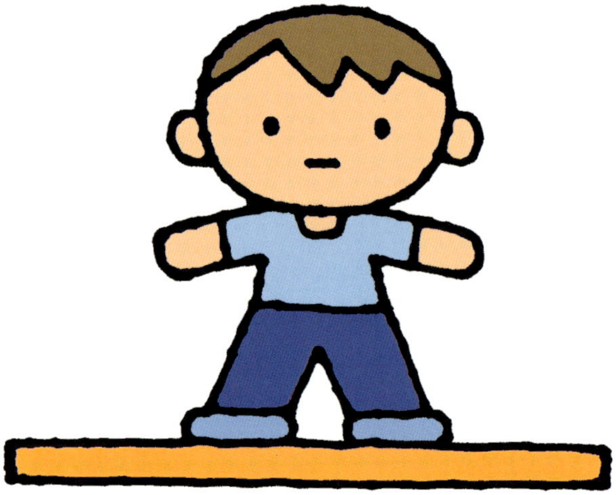

立

たつ
たてる

リツ

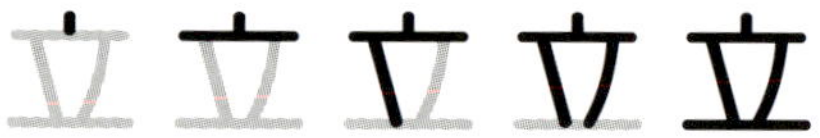

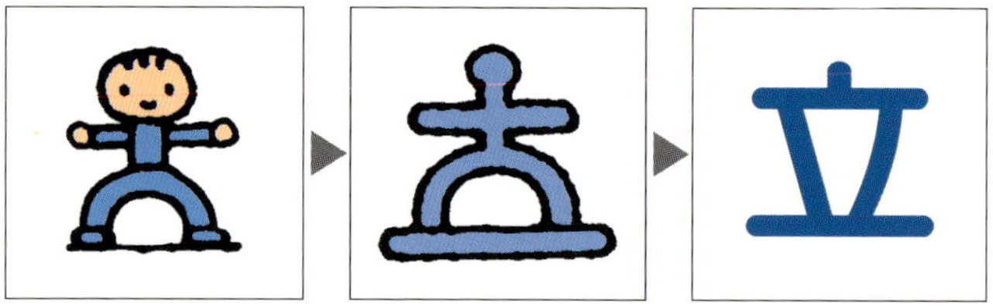

じめんに立《た》っている人《ひと》の形《かたち》からできた字《じ》。

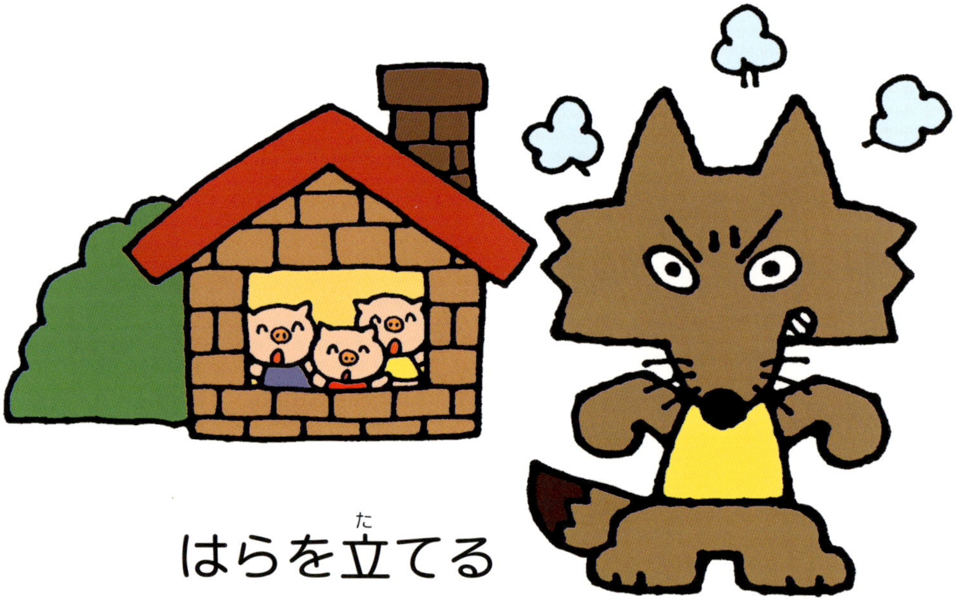

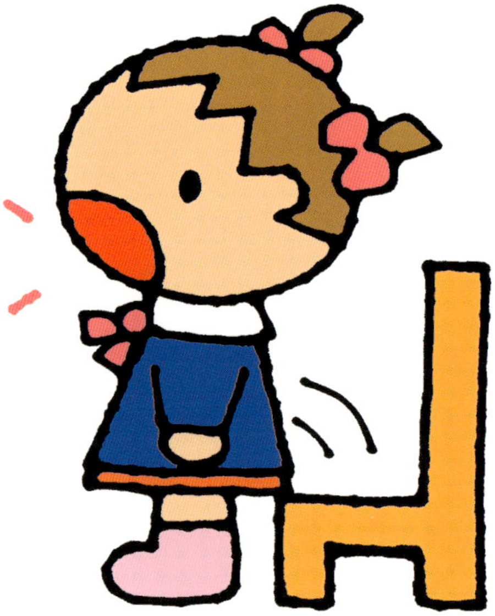

はらを立《た》てる

き立《りつ》

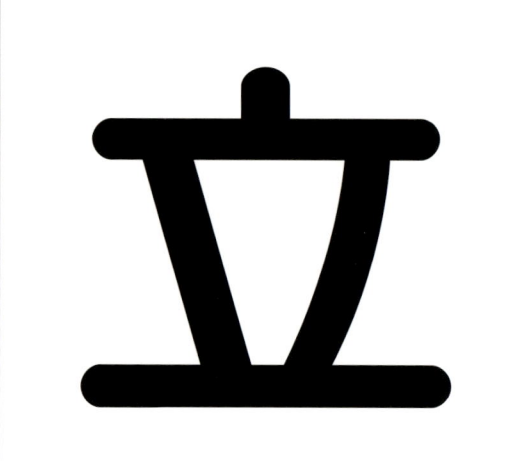

休

やすむ
やすまる
やすめる
キュウ

休休休休休休

「人《ひと》」と「木《き》」を合《あ》わせて、人《ひと》が木《き》の下《した》で休《やす》むことをあらわした字《じ》。

休《きゅう》けい

夏休《なつやす》み

見

みる
みえる
みせる
ケン

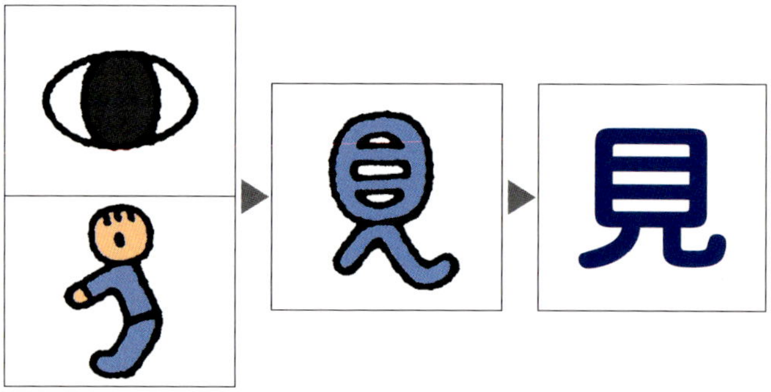

人《ひと》は目《め》でものを見《み》ることから、「目《め》」と「人《ひと》」を合《あ》わせてできた字《じ》。

はっ見《けん》

花見《はなみ》

学

まなぶ

ガク

学 学 学 学 学 学

古《ふる》い字《じ》は「學」。「りょう手《て》」と「まじわる」と「たてもの」と「こども」を組《く》み合《あ》わせた字《じ》。こどもが学《まな》ぶ場《ば》しょ、学校《がっこう》をあらわしています。

学《まな》ぶ

学《がく》しゃ

大

おお
おおいに
おおきい
ダイ
タイ

大大大

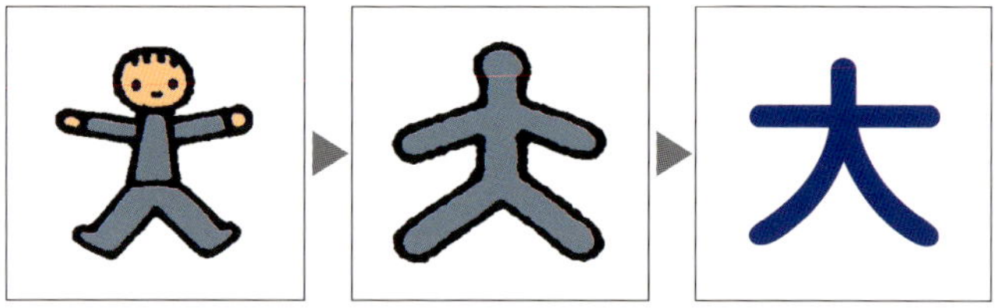

人《ひと》が手足《てあし》をいっぱいに広《ひろ》げた形《かたち》をあらわした字《じ》。

魚《さかな》の大《たい》ぐん

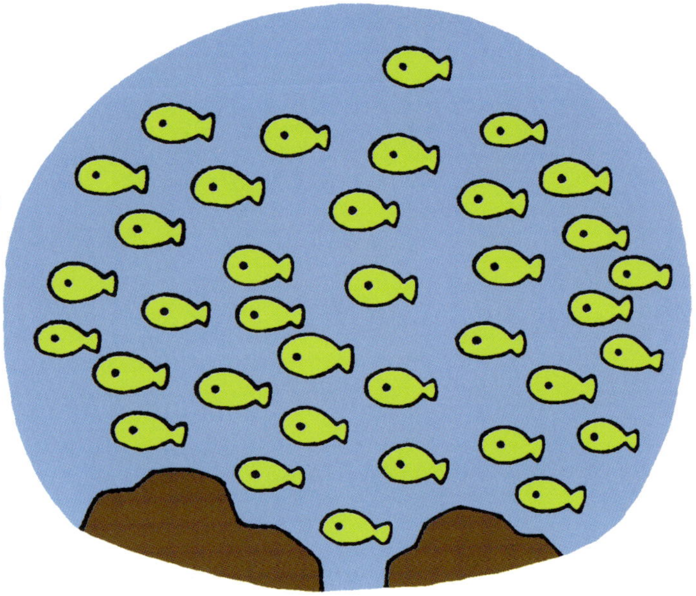

大《おお》きなくじら

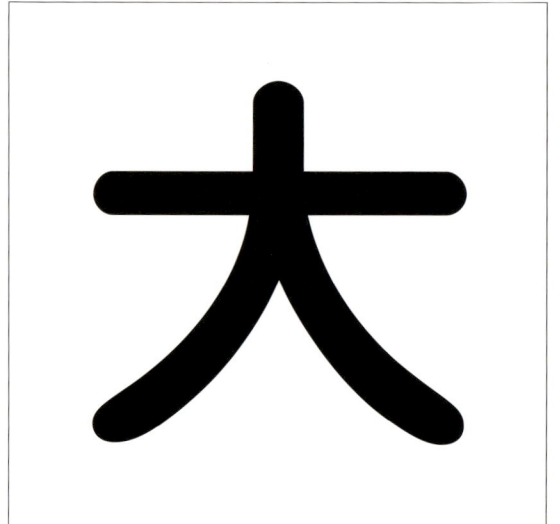

中

なか

チュウ

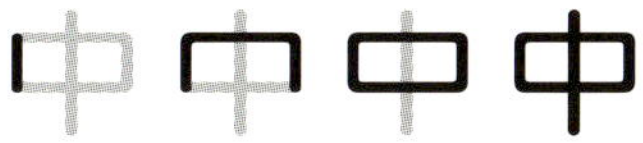

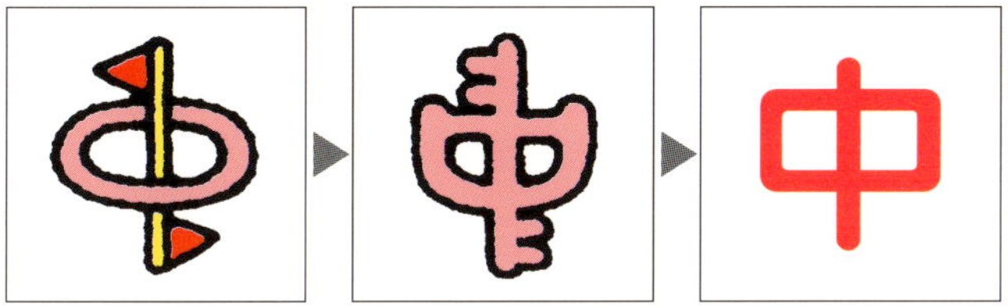

わくの中《なか》にぼうやはたを通《とお》した形《かたち》をあらわした字《じ》。

せ中《なか》

めい中《ちゅう》

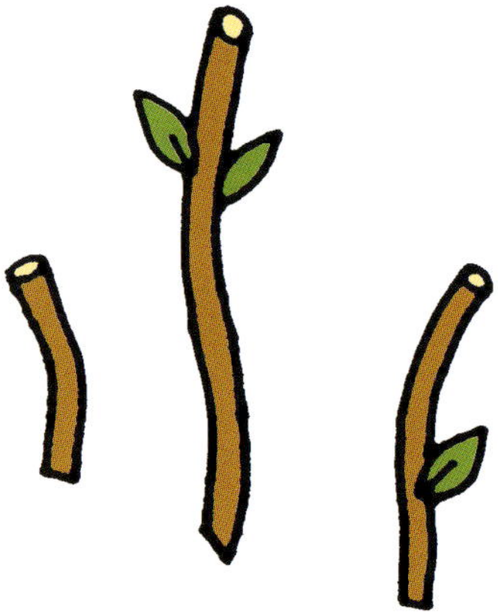

小

ちいさい
おこ
ショウ

小小小

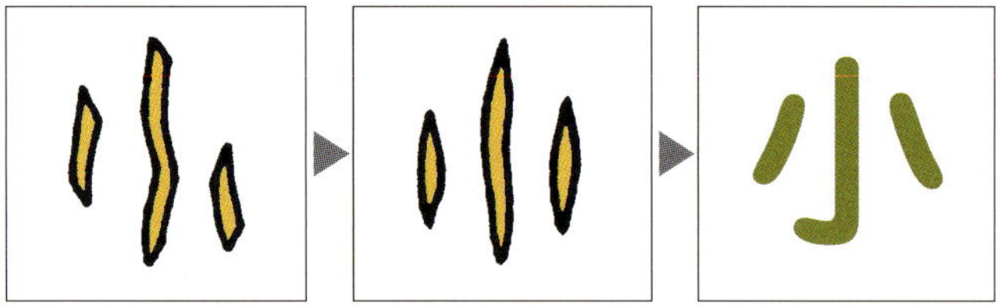

細《ほそ》くて小《ちい》さいものをあらわした字《じ》。

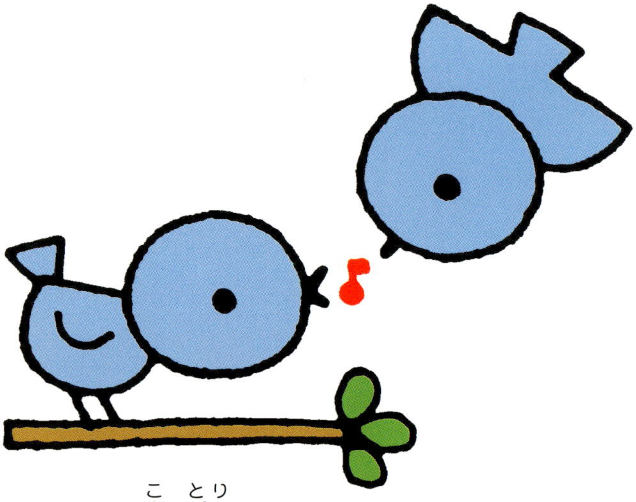

小《こ》鳥《とり》

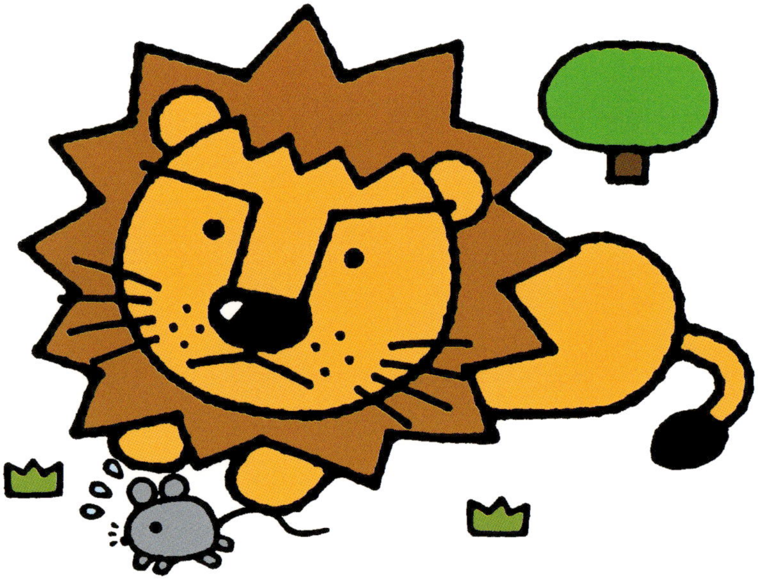

小《ちい》さなねずみ

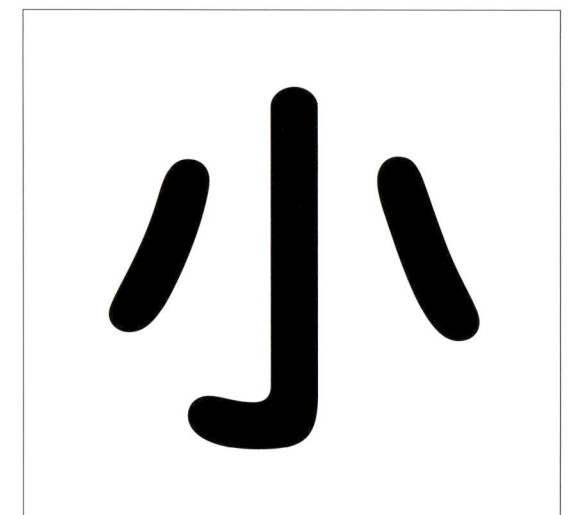

円

まるい

エン

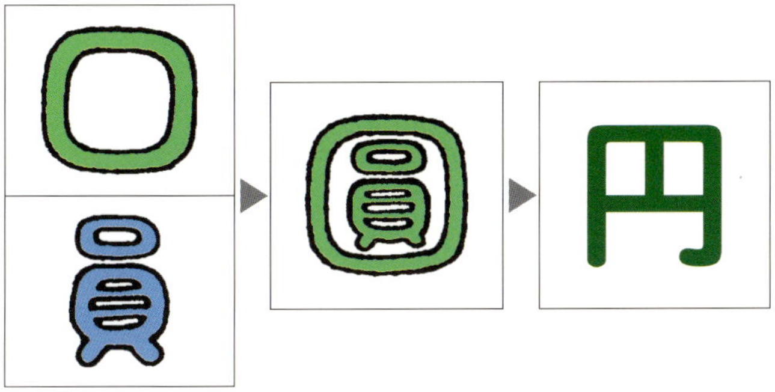

円《えん》の古《ふる》い字《じ》は「圓」。「員」（まるいうつわ）と「口」がかこみで、まるくかこむことをあらわしています。

百円玉《ひゃくえんだま》

空《そら》とぶ円《えん》ばん

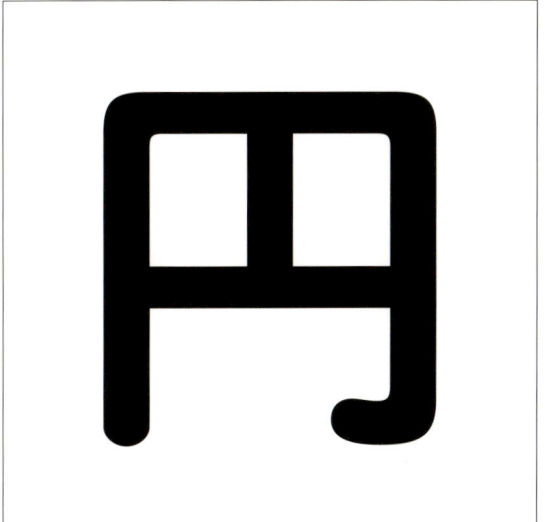

赤

あか
あかい
あからむ
あからめる
セキ

赤赤赤赤赤赤

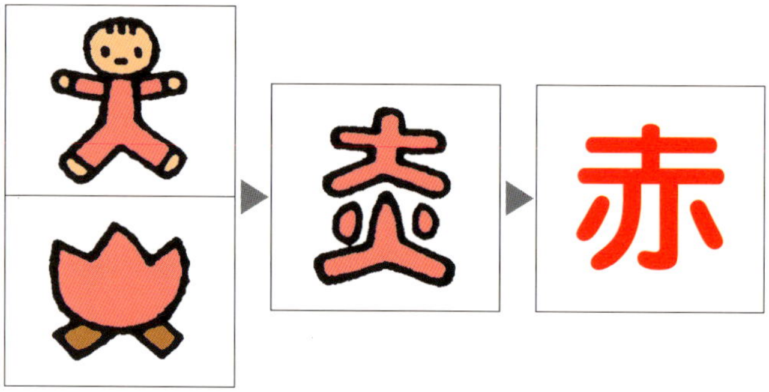

「大《おお》きい」と「火《ひ》」を組《く》み合《あ》わせた字《じ》。
もえあがる火《ひ》の色《いろ》をあらわしています。

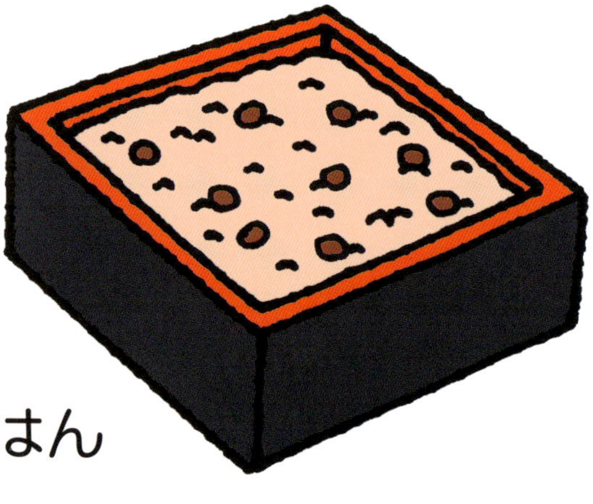

赤《せき》はん

赤《あか》ちゃん

青

あお
あおい

セイ

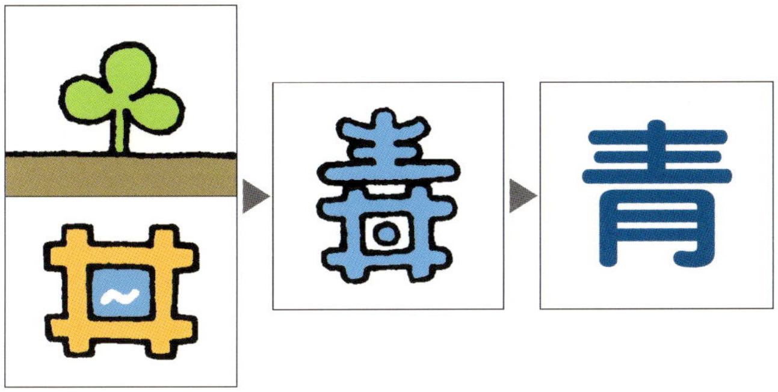

古《ふる》い字《じ》は「靑」。「主」が青《あお》くのびた草《くさ》のめ、「円」が青《あお》い水《みず》をくみ出《だ》すいどをあらわしています。

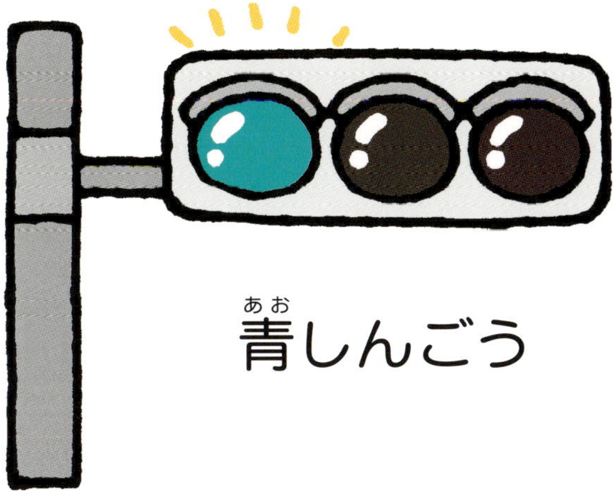

青《あお》しんごう

青年《せいねん》

白

しろ
しろい
しら
ハク

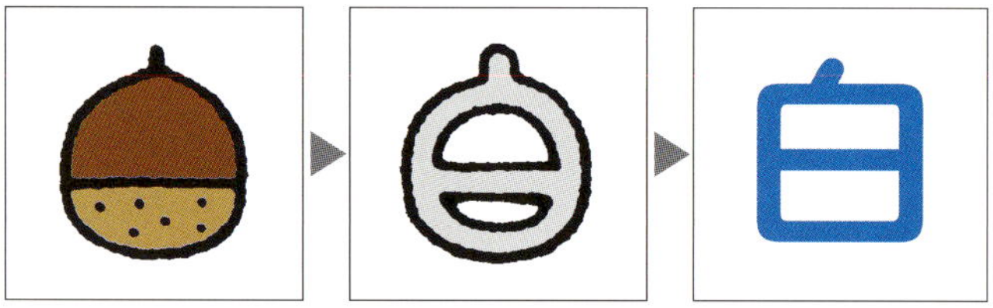

どんぐりの中《なか》みが白《しろ》いことから、どんぐりの形《かたち》をあらわしています。

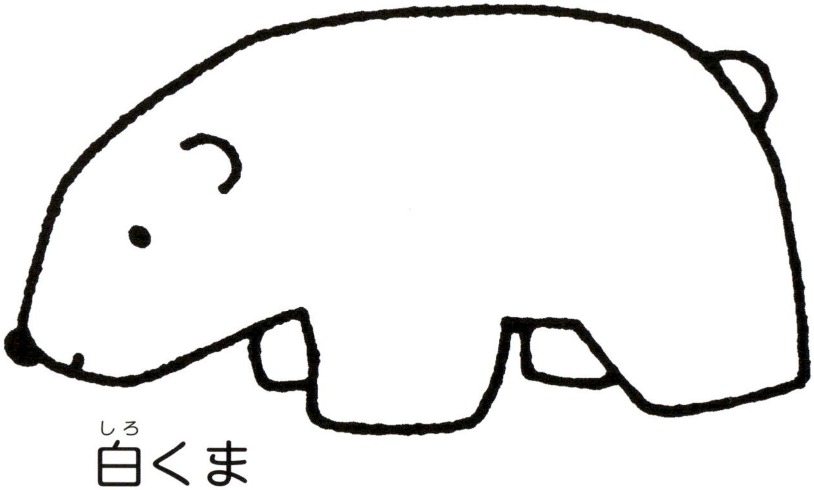

白《しろ》くま

白《しら》雪《ゆき》ひめ

正

ただしい
ただす
まさ
セイ
ショウ

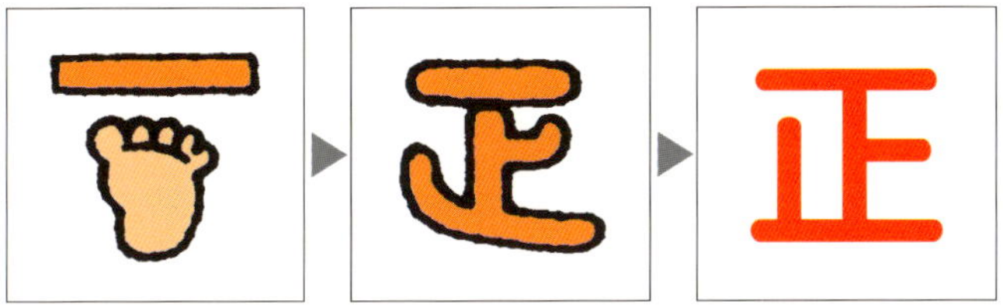

「一」と「止」（足《あし》）の組《く》み合《あ》わせで、
まっすぐにすすむことをあらわしています。

正《しょう》ご

正《せい》ぎのみかた

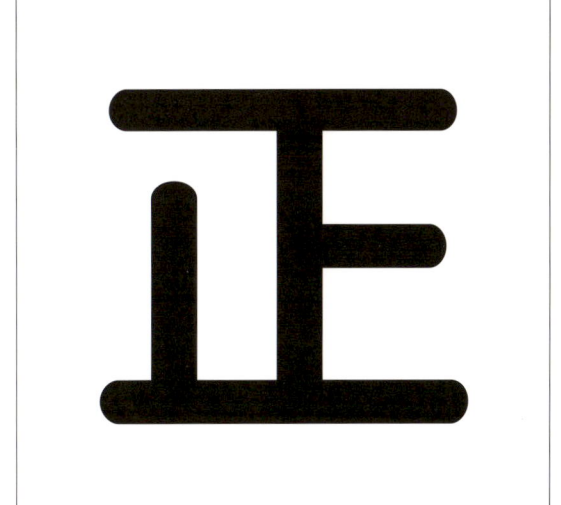

早

はやい
はやまる
はやめる
ソウ

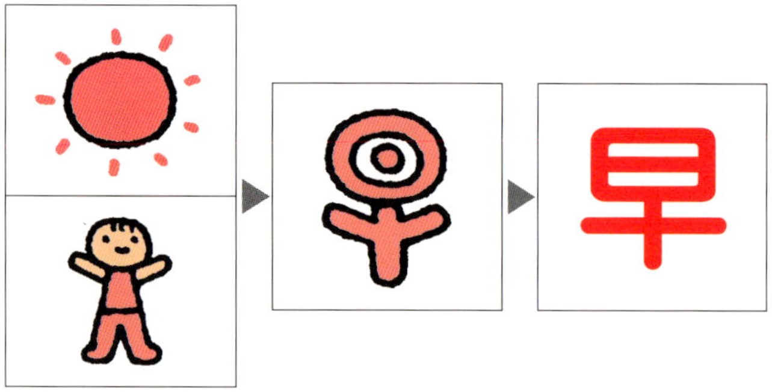

たいようと人《ひと》の頭《あたま》の組《く》み合《あ》わせ。頭《あたま》の上《うえ》に日《ひ》がのぼりはじめる朝《あさ》のいみで、早《はや》いことをあらわしています。

早口《はやくち》ことば

早朝《そうちょう》マラソン

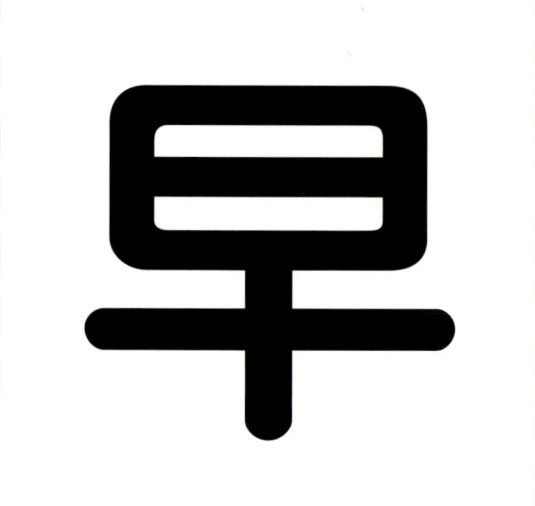

車

くるま

シャ

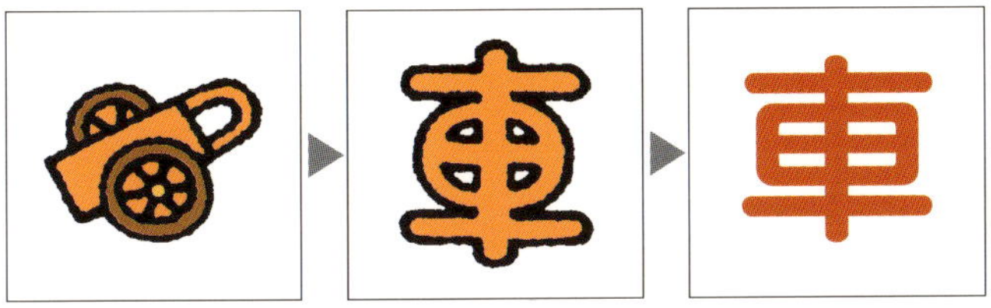

車《くるま》の形《かたち》からできた字《じ》。

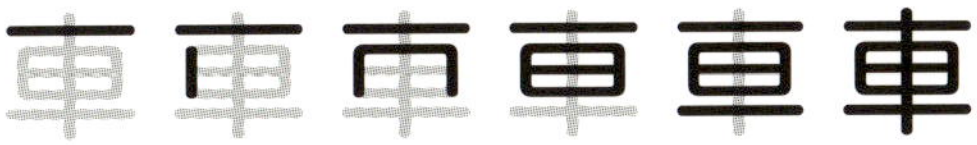

風車《かざぐるま》

電車《でんしゃ》

田

た

デン

田《た》んぼやはたけの形《かたち》からできた字《じ》。

田《た》うえ

水田《すいでん》

力

ちから

リョク
リキ

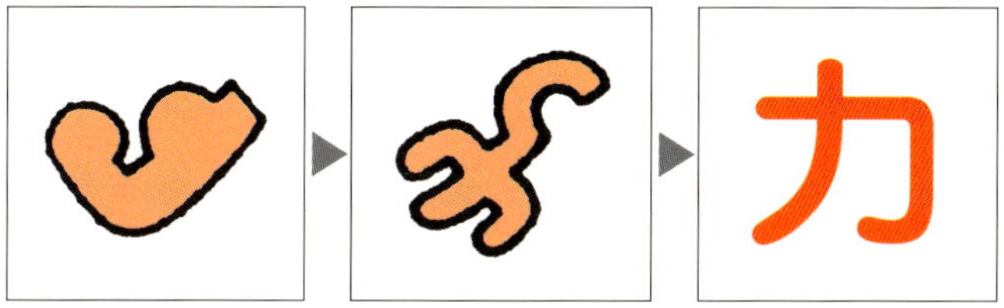

力《ちから》を入《い》れたうでの形《かたち》からできた字《じ》。

力《りき》し

力《ちから》もち

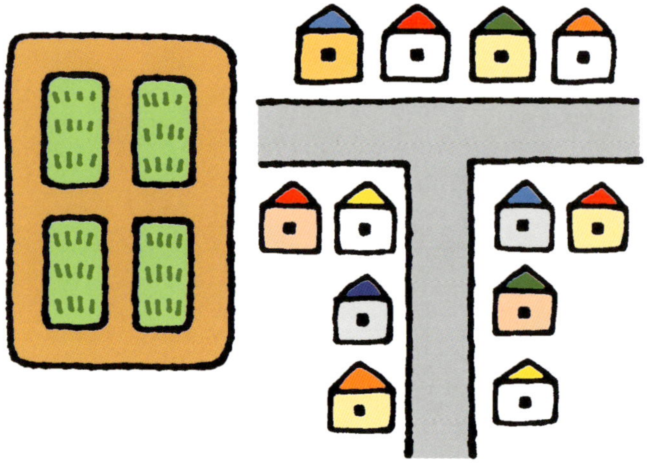

町

まち

チョウ

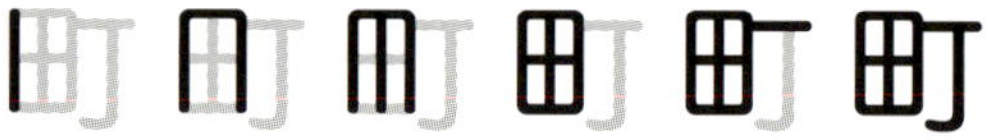

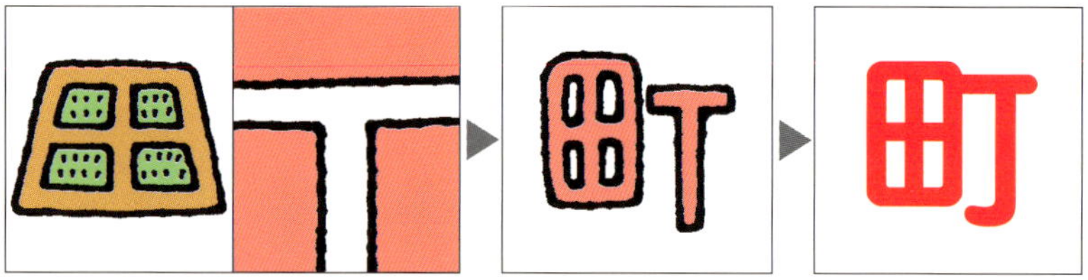

「田《た》」と道《みち》をあらわす「丁《ちょう》」の組《く》み合《あ》わせでできた字《じ》。

みなと町《まち》

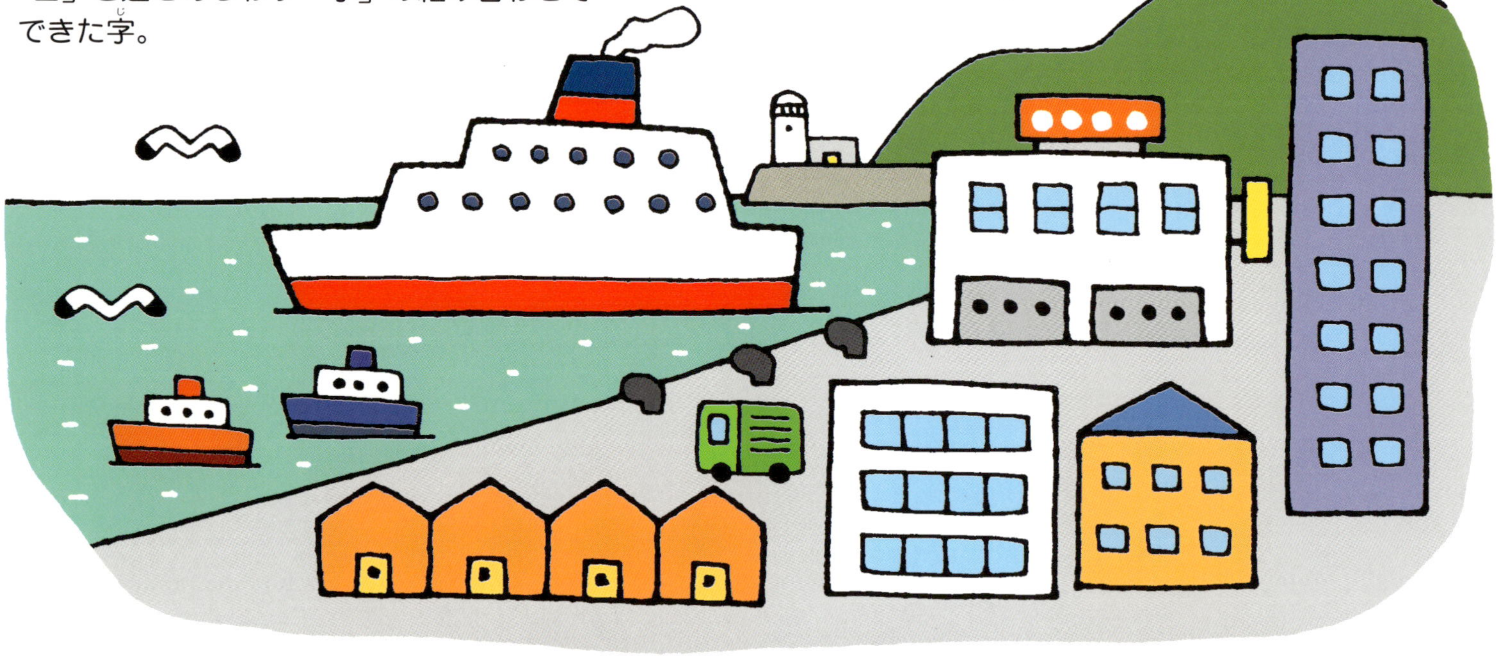

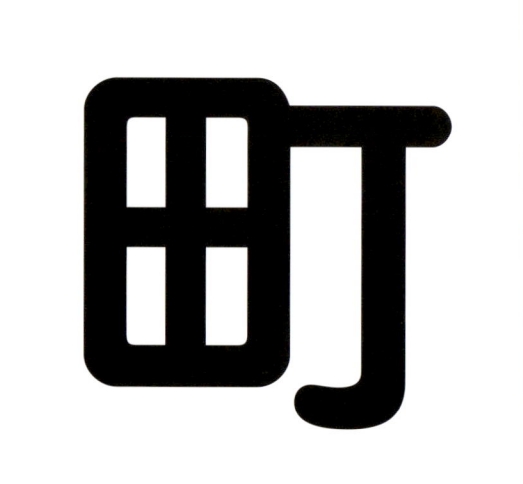

村

むら

ソン

村村村村村村

「村《むら》」は、もともと「邨《そん》」という字《じ》をかいていました。村《むら》のことを「そん」といったので、おなじ「そん」とよむ「村《むら》」という字《じ》をつかうようになりました。

村《むら》まつり

のう村《そん》

●「邨」は「屯」（あつまる）と「阝」（むらざと）の組み合わせで、人が集まる村を意味します。「村」はもともと木の名前でした。

名

な

メイ
ミョウ

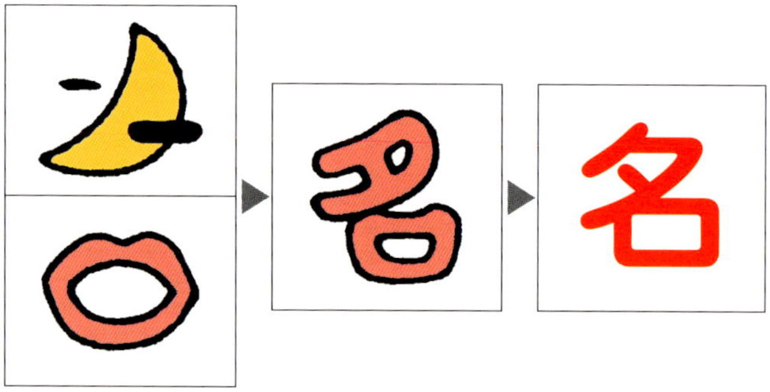

「夕《ゆう》」と「口《くち》」を組《く》み合《あ》わせた字《じ》。くらい時《とき》、
口《くち》から声《こえ》を出《だ》して自分《じぶん》の名《な》を知《し》らせることから。

名人《めいじん》

名《な》ふだ

音

おと
ね

オン

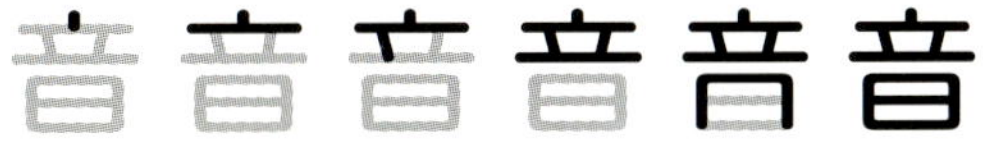

「言《い》う」といういみの古《ふる》い字《じ》「言」の「口《くち》」のぶ分《ぶん》に「一」を入《い》れた形《かたち》で、ふえなどから出《で》る音《おと》をあらわしています。

足音《あしおと》

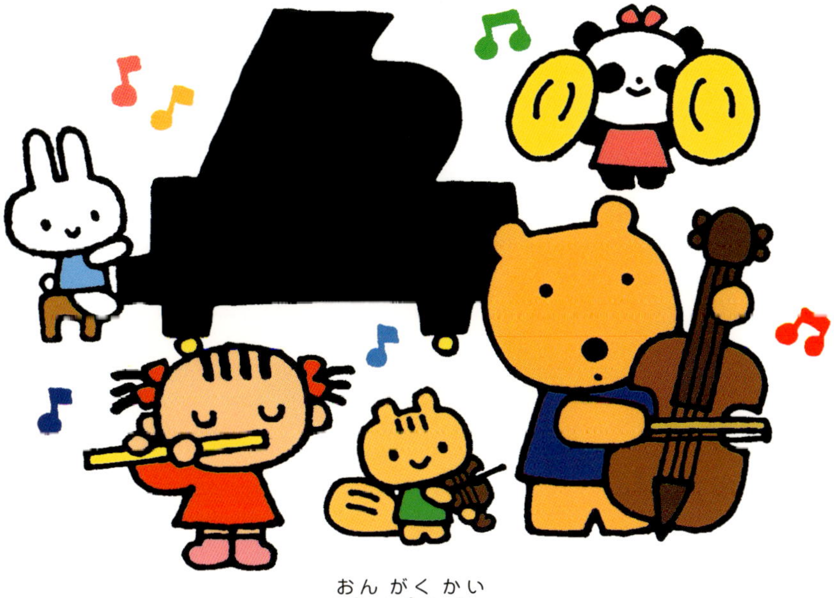

音楽会《おんがくかい》

●「言」は、「心」をあらわす「シン」という音の字（辛）と「口」の組み合わせで、「口からでる心」を意味します。

文

ブン
モン

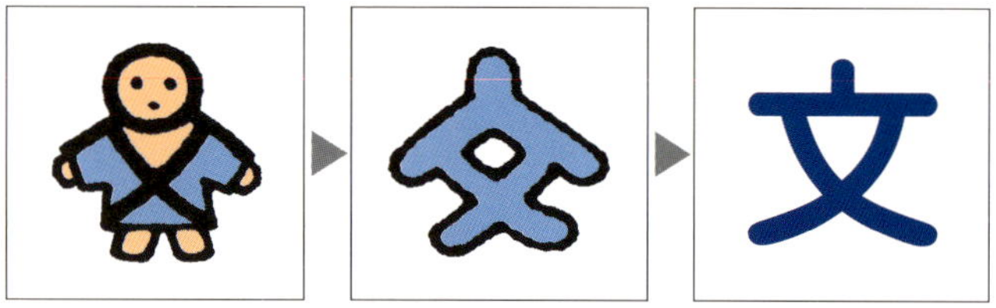

人《ひと》がふくのむねをひらいた形《かたち》からできた字《じ》。

作文《さくぶん》

天文台《てんもんだい》

●古代では、いれずみなどで体に模様をかくことにより、体が清められると考えられていました。「文」はその模様を意味します。

本

もと

ホン

本 本 本 本 本

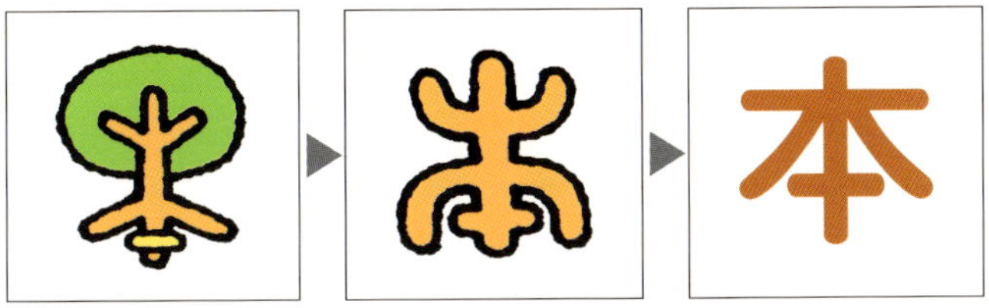

「木《き》」という字《じ》に線《せん》を引《ひ》いて、木《き》のねもとをあらわしています。「もともと」といういみ。

三本《さんぼん》のえんぴつ

絵本《えほん》

字

ジ

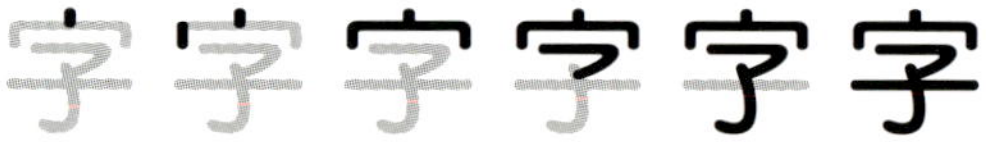

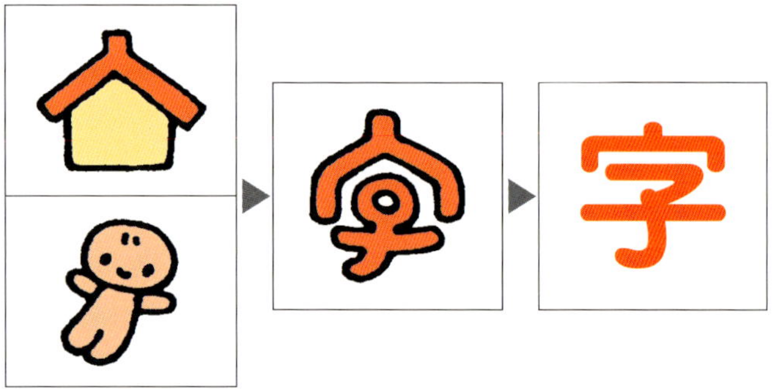

家《いえ》の中《なか》でこどもをそだてるという字《じ》です。

すう字《じ》

しゅう字《じ》

●「家の中でこどもを育てる」という意味の「字」は「増える」という意味に通じ、偏や旁など2つ以上の文字を組み合わせて作られる字のことをいうようになりました。

校

コウ

校校校校校校

「木《き》」と「交」（まじわる）から、木《き》を組《く》み合《あ》わせたものという字《じ》。

先

さき

セン

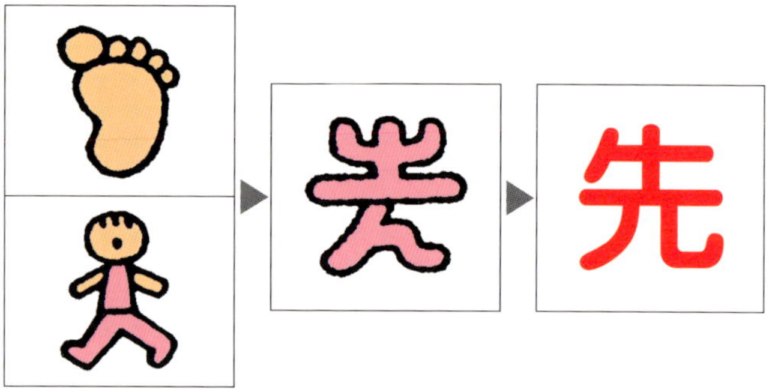

足《あし》と人《ひと》を組《く》み合《あ》わせた字《じ》。人《ひと》より先《さき》に行《い》くことをあらわしています。

ゆび先《さき》

先生《せんせい》

年

とし

ネン

年年年年年年

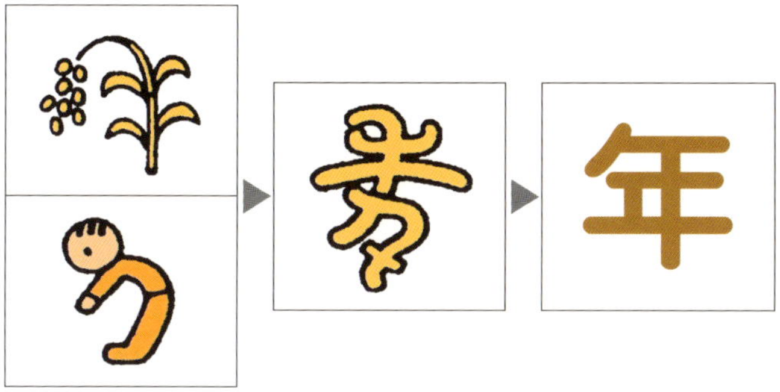

いねと人《ひと》で、人《ひと》がたねをまいていねがみのるまでの一年《いちねん》をあらわしています。

お年《とし》より

一年生《いちねんせい》

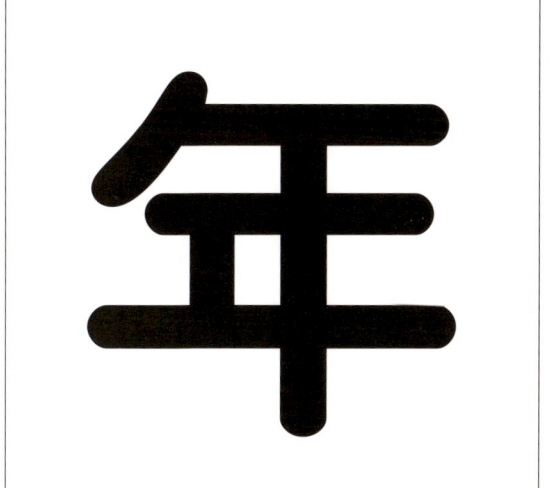

玉

たま

ギョク

三《みっ》つの玉《たま》をひもでつないだ形《かたち》からできた字《じ》。

玉《たま》手《て》ばこ

玉《たま》入《い》れ

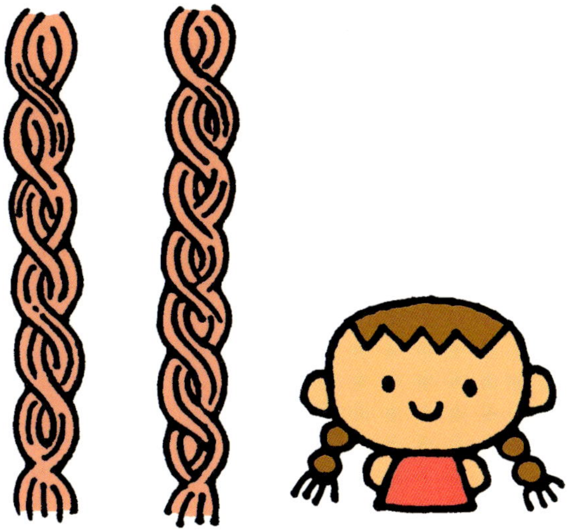

糸

いと

シ

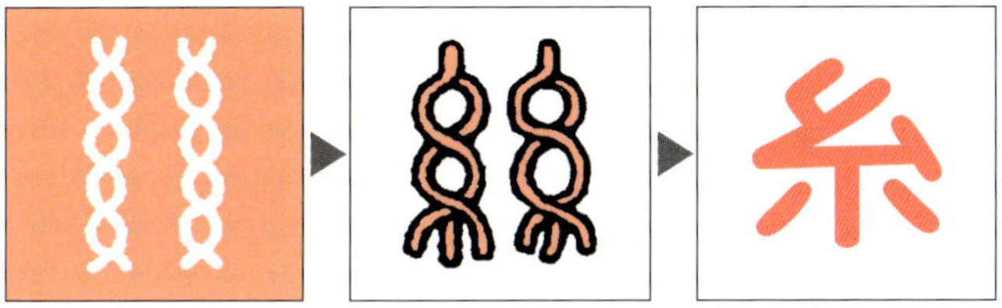

糸《いと》をより合《あ》わせた形《かたち》からできた字《じ》。

毛糸《けいと》

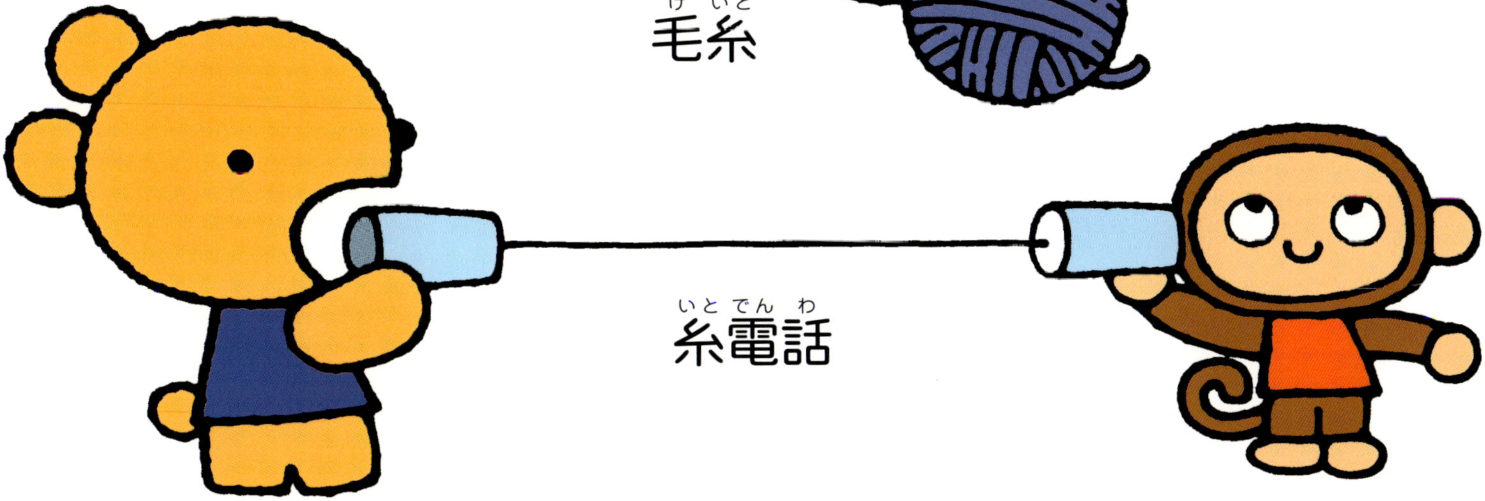

糸電話《いとでんわ》

上

うえ
あがる
あげる
のぼる
うわ
かみ
ジョウ

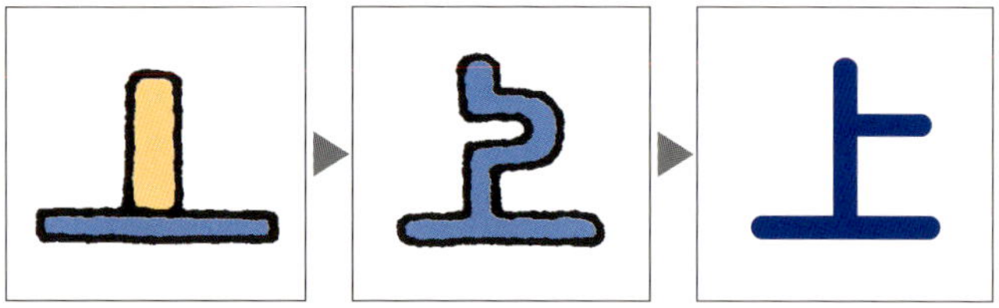

下《した》じきの上《うえ》にものがあることをあらわした字《じ》。

ちょう上《じょう》

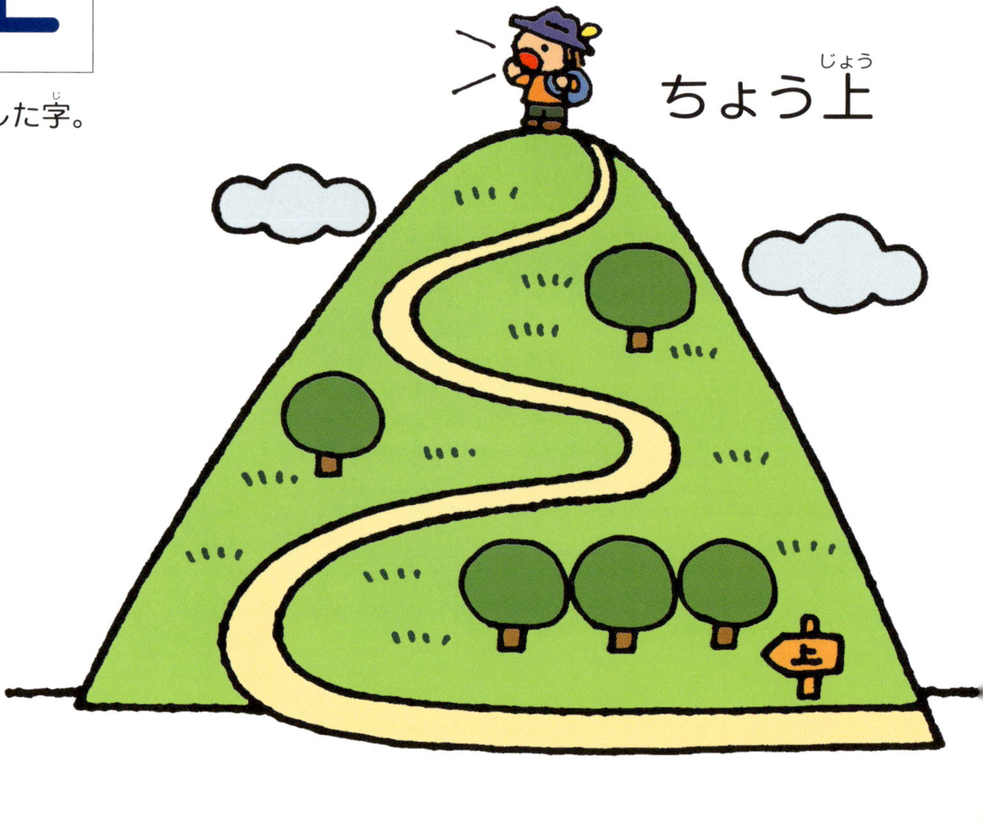

木《き》の上《うえ》

下

下下下

した
しも
さがる
さげる
くだる
くだす
くださる
おりる
おろす

カ
ゲ

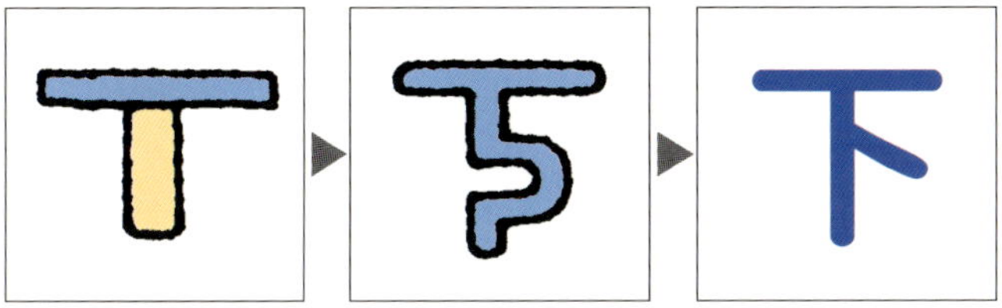

おおいの下《した》にものがあることをあらわした字《じ》。

木《き》の下《した》

地《ち》下《か》てつ

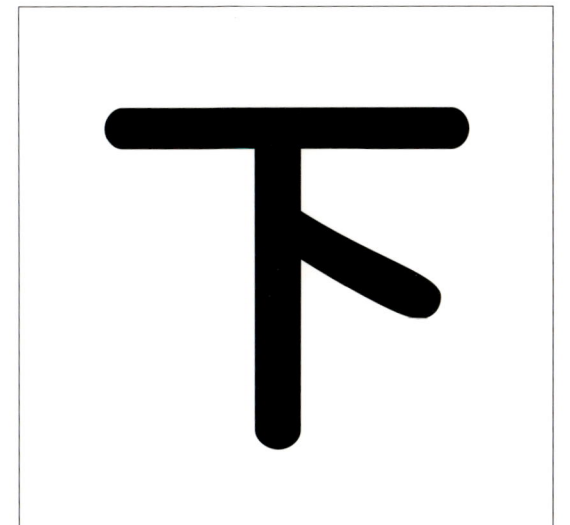

右

みぎ

ウ
ユウ

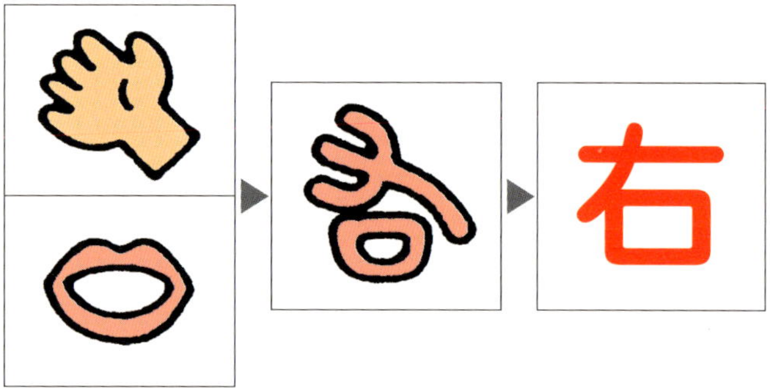

右手《みぎて》と「口《くち》」を合《あ》わせた字《じ》。食《た》べものをはこぶ手《て》をあらわしています。

左右《さゆう》を見《み》る

右《みぎ》を上《あ》げる

左

ひだり

サ

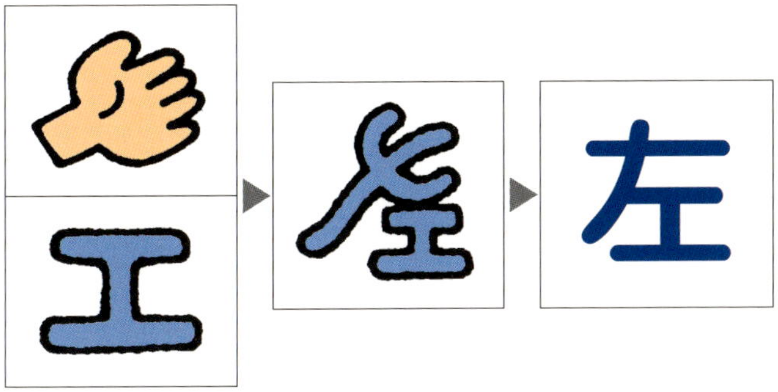

左《ひだり》手《て》と「工」（しごと）を合《あ》わせた字《じ》。
しごとをささえる手《て》をあらわしています。

左《ひだり》を上《あ》げる

左《さ》かんやさん

すう字《じ》の漢字《かんじ》

一《ひと》休《やす》み

一《いっ》ぴき

一

ひと
ひとつ
イチ
イツ

一

はさみが二《ふた》つ

二《に》本《ほん》

二

ふた
ふたつ

ニ

一 二

三《さん》びきの子《こ》ぶた

三《み》日《か》月《づき》

三

み
みつ
みっつ
サン

三 三 三

四《よ》つばの
クローバー

四《し》角《かく》いハンカチ

四

よ
よつ
よっつ
よん
シ

四 四 四 四 四

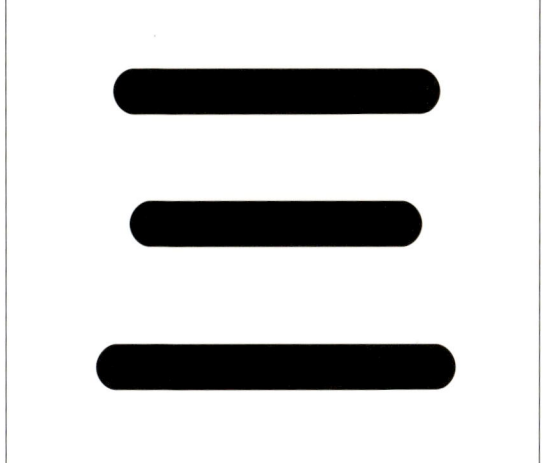

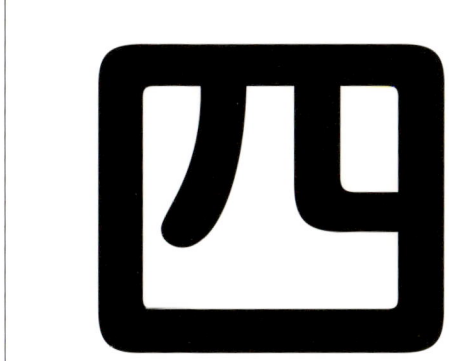

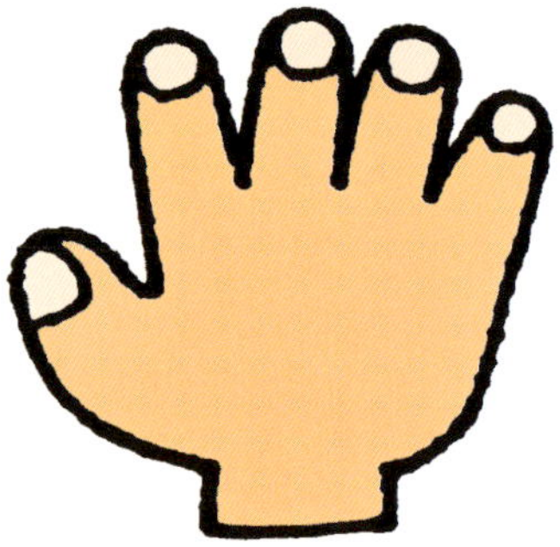

五《ご》本《ほん》

五《ご》月《がつ》五《いつ》日《か》

五

いつ
いつつ

ゴ

五 五 五 五

六《ろく》台《だい》

六《ろく》羽《わ》

六

む
むつ
むっつ
むい
ロク

六 六 六 六

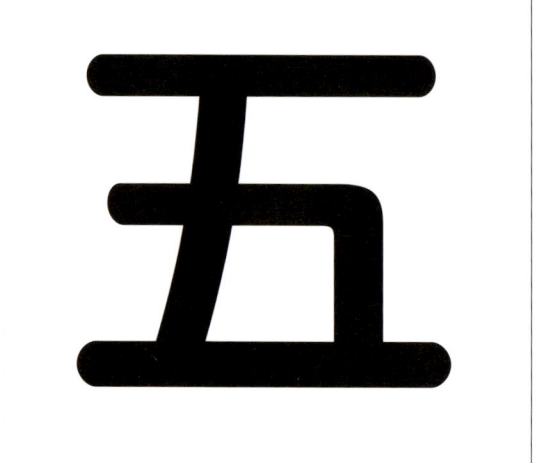

七《しち》五《ご》三《さん》

七《なな》さつ

七

なな
ななつ
なの
シチ

七 七

足《あし》が八《はっ》本《ぽん》

八《や》えざくら

八

や
やつ
やっつ
よう
ハチ

八 八

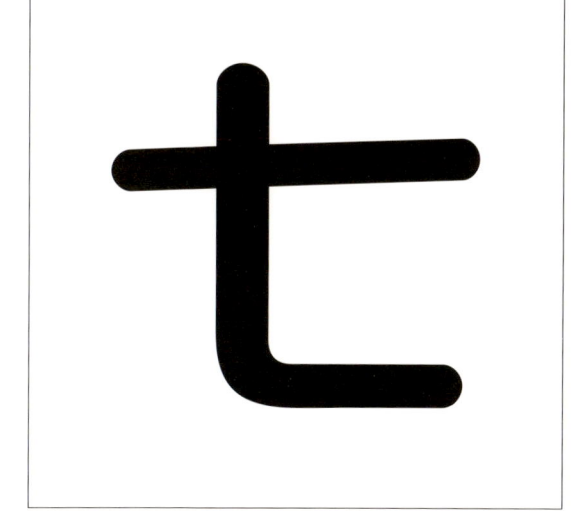

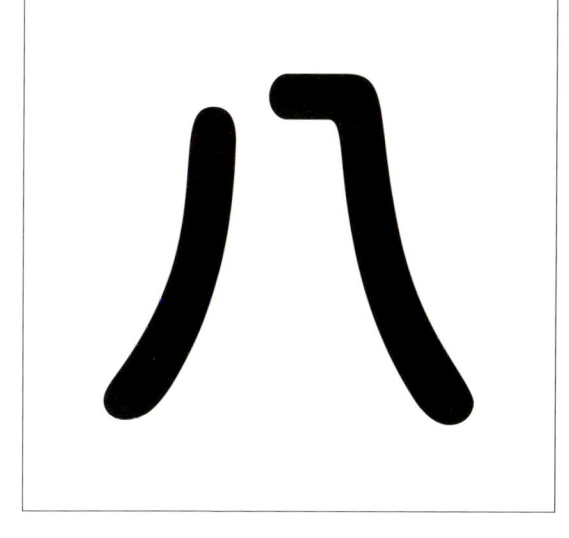

九《きゅう》かん鳥《ちょう》

九《ここの》つ

九

ここの
ここのつ
キュウ
ク

九 九

十《じゅう》円《えん》玉《だま》

十《じゅう》字《じ》ろ

十

とお
と
ジュウ
ジッ

十 十

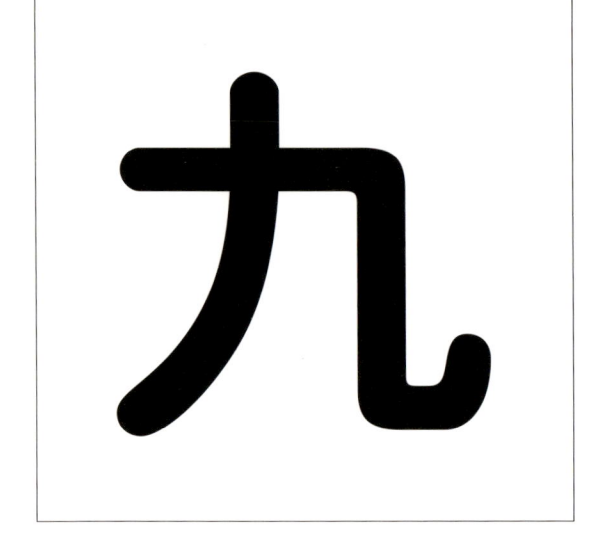

百《ひゃく》さい

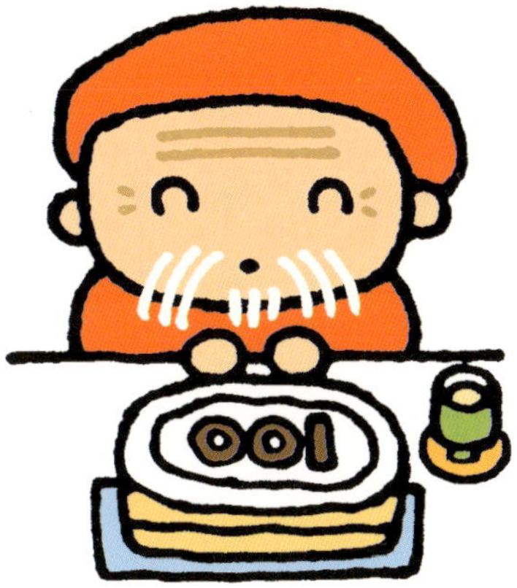

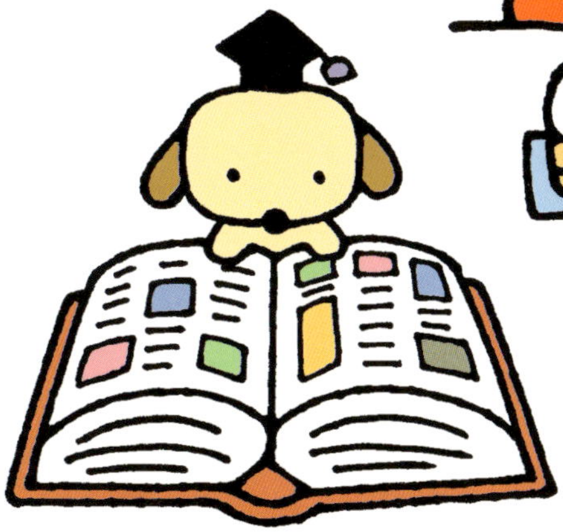

百《ひゃっ》かじてん

百

ヒャク

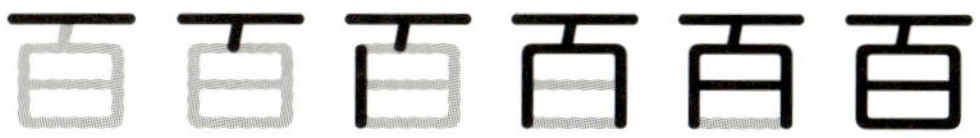

千《ち》よ紙《がみ》

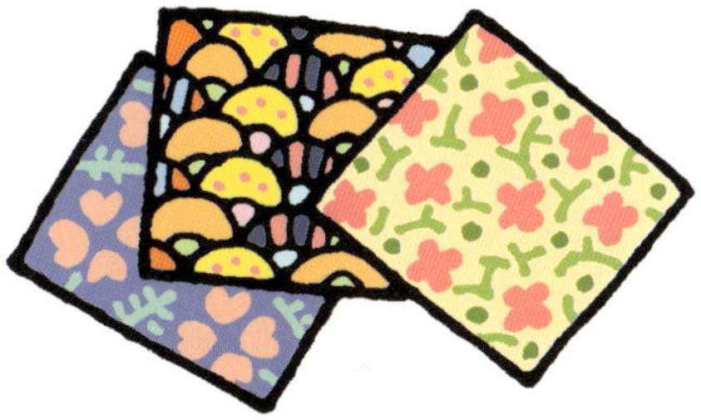

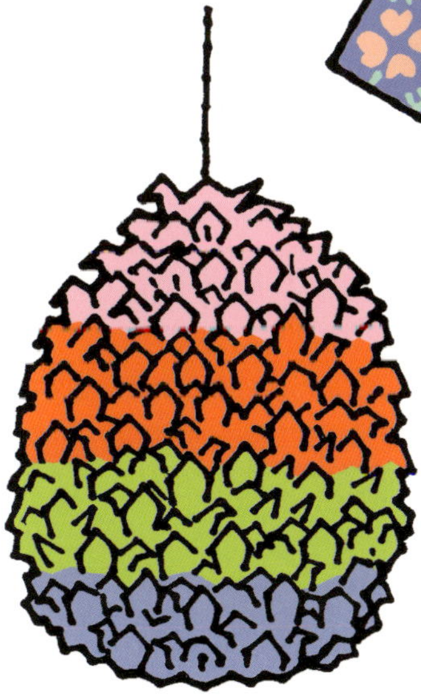

千《せん》羽《ば》づる

千

ち

セン

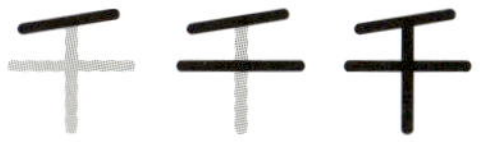

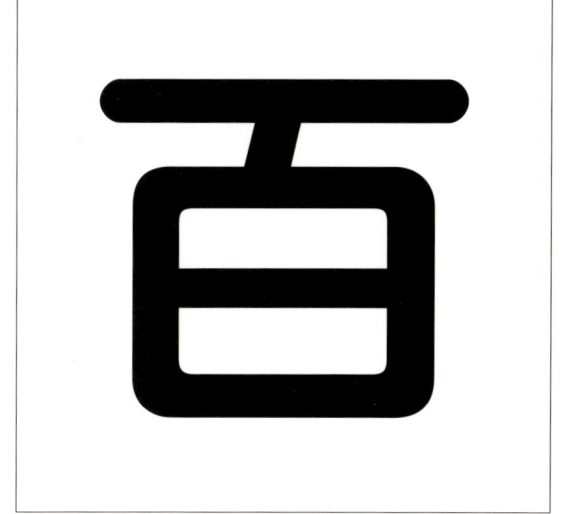

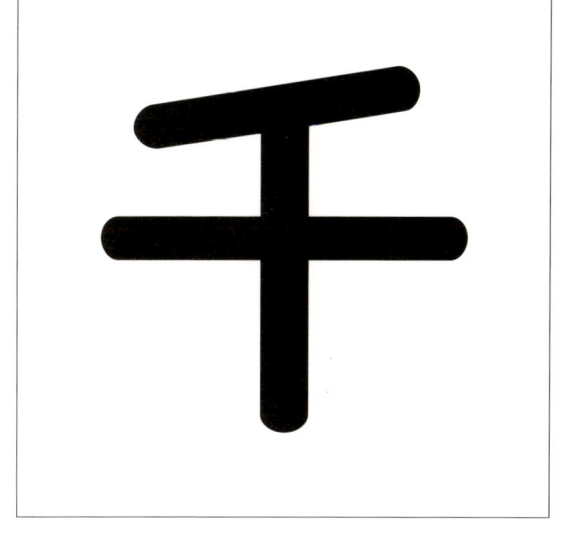

さくいん

あ

あお 青 53
あおい 青 53
あか 赤 52
あかい 赤 52
あからむ 赤 52
あからめる 赤 52
あがる 上 72
あく 空 22
あける 空 22
あげる 上 72
あし 足 33
あま 天 20
あま 雨 23
あめ 天 20
あめ 雨 23

い

いかす 生 41
いきる 生 41
いける 生 41
いし 石 17
いつ 五 78
いつつ 五 78
いと 糸 71
いぬ 犬 34
いる 入 42
いれる 入 42

イ

イチ 一 76
イツ 一 76

う

うえ 上 72
うお 魚 39
うし 牛 36
うま 馬 35
うまれる 生 41
うむ 生 41
うわ 上 72

ウ

ウ 雨 23
ウ 右 74

エ

エン 円 51

お

お 小 50
おお 大 48
おおいに 大 48
おおきい 大 48
おと 音 63
おとこ 男 27
おりる 下 73
おろす 下 73
おんな 女 26

オ

オウ 王 28
オン 音 63

か

か 日 4
かい 貝 40
かな 金 18
かね 金 18
かみ 上 72
から 空 22
かわ 川 9

カ

カ 火 6
カ 花 15
カ 下 73
ガク 学 47
ガツ 月 5

き

き 木 10

キ

キ 気 21
キュウ 休 45
キュウ 九 80
ギュウ 牛 36
ギョ 魚 39
ギョク 玉 70
キン 金 18

く

くさ 草 14
くださる 下 73
くだす 下 73
くだる 下 73
くち 口 30
くるま 車 57

ク

ク 口 30
ク 九 80
クウ 空 22

ケ

ケ 気 21
ゲ 下 73
ゲツ 月 5
ケン 犬 34
ケン 見 46

こ

こ 木 10
こ 子 25
こ 小 50
ここの 九 80
ここのつ 九 80

コ

ゴ 五 78
コウ 口 30
コウ 校 67
コン 金 18

さ

さかな 魚 39
さがる 下 73
さき 先 68
さげる 下 73

サ

サ 左 75
サン 山 8
サン 三 77

し

した 下 73
しも 下 73
しら 白 54
しろ 白 54
しろい 白 54

シ

シ 子 25
シ 糸 71
シ 四 77
ジ 字 66
シチ 七 79
ジツ 日 4
ジッ 十 80
シャ 車 57
シャク 石 17
シュ 手 32
ジュウ 十 80
シュツ 出 43
ジョ 女 26
ショウ 生 41
ショウ 小 50
ショウ 正 55
ジョウ 上 72
シン 森 12
ジン 人 24

ス

ス 子 25
スイ 水 7

セ

セイ 生 41
セイ 青 53
セイ 正 55
セキ 石 17
セキ 夕 19
セキ 赤 52
セン 川 9
セン 先 68
セン 千 81

そ

そら 空 22

ソ

ソウ 草 14
ソウ 早 56
ソク 足 33
ソン 村 61

た

た　田 58
たけ　竹 13
たす　足 33
だす　出 43
ただしい　正 55
ただす　正 55
たつ　立 44
たてる　立 44
たま　玉 70
たりる　足 33
たる　足 33

タ

タイ　大 48
ダイ　大 48
ダン　男 27

ち

ち　千 81
ちいさい　小 50
ちから　力 59

チ

チク　竹 13
チュウ　虫 38
チュウ　中 49
チョウ　鳥 37
チョウ　町 60

つ

つき　月 5
つち　土 16

て

て　手 32
でる　出 43

テ

テン　天 20
デン　田 58

と

と　十 80
とお　十 80
とし　年 69
とり　鳥 37

ト

ト　土 16
ド　土 16

な

な　名 62
なか　中 49
なな　七 79
ななつ　七 79
なの　七 79
なま　生 41

ナ

ナン　男 27

ニ

ニ　二 76
ニチ　日 4
ニュウ　入 42
ニン　人 24

ね

ね　音 63

ネ

ネン　年 69

の

のぼる　上 72

は

はいる　入 42
はえる　生 41
はな　花 15
はやい　早 56
はやし　林 11
はやす　生 41
はやまる　早 56
はやめる　早 56

ハ

バ　馬 35
ハク　白 54
ハチ　八 79

ひ

ひ　日 4
ひ　火 6
ひだり　左 75
ひと　人 24
ひと　一 76
ひとつ　一 76

ヒ

ヒャク　百 81

ふ

ふた　二 76
ふたつ　二 76

フ

ブン　文 64

ホ

ボク　木 10
ホン　本 65

ま

まさ　正 55
まち　町 60
まなぶ　学 47
まるい　円 51

み

み　三 77
みえる　見 46
みぎ　右 74
みず　水 7
みせる　見 46
みつ　三 77
みっつ　三 77
みみ　耳 31
みる　見 46

ミ

ミョウ　名 62

む

む　六 78
むい　六 78
むし　虫 38
むつ　六 78
むっつ　六 78
むら　村 61

め

め　目 29

メ

メイ　名 62

も

もと　本 65
もり　森 12

モ

モク　木 10
モク　目 29
モン　文 64

や

や　八 79
やすまる　休 45
やすむ　休 45
やすめる　休 45
やつ　八 79
やっつ　八 79
やま　山 8

ゆ

ゆう　夕 19

ユ

ユウ　右 74

よ

よ　四 77
よう　八 79
よつ　四 77
よっつ　四 77
よん　四 77

リ

リキ　力 59
リツ　立 44
リョク　力 59
リン　林 11

ロ

ロク　六 78

わらべ きみか

1950年熊本県天草に生まれる。中央大学理工学部を卒業後、フリーのイラストレーターとなる。1982年絵本・キャラクターデザインの制作会社「おもちゃ箱」を設立。
「WARABE FAMILY」のタイトルで、数々のグッズの商品化も手がけている。「あかちゃんずかん」「はじめてめいさく」「スキンシップ絵本」（以上、小社刊）などにより、幼児絵本の第一人者として活躍中。

漢字えほん《スキンシップ絵本》　2007年2月第1刷　2008年2月第3刷

絵／わらべきみか

監修／江川清（広島国際大学心理科学部長コミュニケーション学科教授）　編集協力／岡本富士雄　大久保徳久子
発行人／嶋崎善明　発行所／株式会社**ひさかたチャイルド**　〒112-0002　東京都文京区小石川4-16-9-207
電話／03-3813-7726　FAX／03-3818-4970　振替／00130-5-67938　URL　http://www.hisakata.co.jp/
印刷所／共同印刷株式会社　製本所／共同製本株式会社　NDC811　23×23　84P　ISBN978-4-89325-089-6